ERICA PALMCRANTZ AZIZ

ONE WEEK DETOX

DER LEICHTE EINSTIEG IN EIN GESUNDES LEBEN

VITAL UND GLÜCKLICH MIT ROHKOST UND SMOOTHIES

INHALTSVERZEICHNIS

VORWORT

Es freut mich, dass Sie dieses Buch in den Händen halten und Ihrem Leben und Ihrer Gesundheit eine neue Richtung geben wollen!

Ich liebe es, meinen Mitmenschen dabei zu helfen, den Körper von Altem zu befreien und mit neuer, sprudelnder Energie aufzuladen. Wenn sich das Leben träge anfühlt, wenn ich einige Extrakilos zugelegt habe und etwas niedergeschlagen bin – dann brauche ich eine Detox-Kur. Das Resultat spricht stets für sich, und jedes Mal, wenn mir die Kur besonders schwerfällt, hat es sich erst recht gelohnt, weiterzumachen. Ich bin hinterher gut drauf, einige Kilos leichter, fühle mich positiv gestimmt und das Leben fließt ganz anders.

In diesem Buch erfahren Sie, wie Sie sich in nur sieben Tagen auch so fühlen können! Das Programm besteht aus leckeren Rezepten, hergestellt aus ökologisch angebauten rohen Zutaten, die Sie frisch statt müde machen, was bei einigen Lebensmitteln wirklich der Fall sein kann. Sie erfahren auch, warum das so ist. Außerdem lernen Sie eine abwechslungsreiche Detox-Kur kennen, wie sie funktioniert, was Rohkost ist, was diese Kost für Ihren Körper tun kann und wie Sie erfrischende grüne Smoothies ohne großen Aufwand in Ihren Alltag integrieren können.
Wenn Sie Ihre Detox-Kur abgeschlossen haben, werden Sie verstehen, warum »Detox« bei den Hollywood-Stars so beliebt ist. Sie wollen viel Energie haben, einen geschmeidigen Körper, einen lebendigen, klaren Blick, eine schimmernde Haut und ein langes Leben. Genau wie Sie und ich! Bleiben Sie dran, denn jetzt beginnt das kleine Abenteuer!

Warum Detox und Rohkost für mich ein Lebensstil ist

Unser Körper reinigt sich 24 Stunden am Tag. Er verhilft uns ständig zu einem optimalen Wohlgefühl. Wenn unser Körper aber Krankheitssymptome zeigt oder an Energiemangel leidet, dann hat er ganz einfach zu viel gearbeitet und muss sich erholen. Wenn wir hauptsächlich Rohkost essen, bekommen wir mehr Nährstoffe und Lebenskraft, das ist für unseren Körper die beste Voraussetzung, sich von Müll zu befreien, Geschädigtes zu reparieren und wieder eine natürliche Balance herzustellen – alles für ein gesundes Leben: Daher meine ich, dass wir Rohkost und Detox in unseren täglichen Ablauf aufnehmen sollten, um länger und glücklicher zu leben.

Wie kann Detox und Rohkost auch andere Ebenen unseres Lebens beeinflussen?

Es ist immer wieder interessant, zu sehen, was geschieht, wenn ich selbst strenger detoxe oder faste. Ich beginne, auf anderen Ebenen im Leben aufzuräumen, zu planen, Dinge infragezustellen und zu verändern und in eine neue Richtung zu denken. Herumliegende Zeitungsstapel werden weggeräumt, Kleidung, die ich nicht mehr brauche, landet im Secondhandladen, die Speisekammer wird aussortiert und umorganisiert. Und nicht zuletzt werde ich aufmerksamer, mit welchen Menschen ich verkehre und wie es mir danach geht. Indem ich mich von Altem befreie und Neues zulasse – das ist Detox auf allen Ebenen im Leben.

Long Live Life!
Erica Palmcrantz

Wichtig: Für einen gelungenen Kickstart das ganze Buch lesen!

EASY JUMPSTART

SICHER HABEN SIE SICH SCHON OFT GEWÜNSCHT: ICH MÖCHTE MEINE ESSGEWOHNHEITEN ÄNDERN, MEHR ENERGIE HABEN, MICH LEICHTER FÜHLEN. GLEICHZEITIG HABEN SIE SICH GESAGT: »ICH KANN DAS NICHT, HABE KEINEN ELAN, KEINE ZEIT …« MIT DIESEM BUCH SCHAFFEN SIE ES! UND AB JETZT GIBT ES KEINE AUSREDEN MEHR.

FÜR MEHR SCHWUNG

HÜRDEN UND MÖGLICHKEITEN

Mit der Zeit werden wir bequem und verschieben unsere guten Vorsätze auf morgen, aufs neue Jahr oder auf die Zeit nach einem Arbeitsplatzwechsel. Kennen Sie das? Ich schon. Hindernisse gibt es viele. Die Liste mit meinen Hürden ist lang. Was hält Sie von der Umsetzung Ihrer Vorhaben ab? Horchen Sie einmal in sich hinein. Meistens sind diese Hindernisse selbst gemacht oder eingebildet. Wenn Sie Ihre wirklichen Hinderungsgründe kennen und mehr auf das Positive beim Detoxen achten, dann bin ich mir sicher, dass Ihnen beim Detoxen nicht viel im Weg stehen wird.

EINE WOCHE IHRES LEBENS

Wenn Sie eine Woche in Ihre Gesundheit investieren, werden Sie einen Unterschied an Leib und Seele spüren. In dieser einen Woche stehen nur Sie im Mittelpunkt. In diesem Buch erfahren Sie alles, was Sie für die Planung und Durchführung Ihres Detox-Programms brauchen. Und Sie lernen dabei, nach und nach alte Gewohnheiten über Bord zu werfen. Man benötigt etwa drei Wochen, um sich neue Gewohnheiten anzueignen. Wenn Sie also mehr Zeit als sieben Tage haben, dann setzen Sie das Programm fort. Lassen Sie sich von den vielen abwechslungsreichen Rezepten ab Seite 58 inspirieren. Haben Sie weniger Zeit als eine Woche? Dann legen Sie einen Detox-Tag ein oder detoxen Sie an einem Wochenende. Und später, wenn Sie mehr Zeit haben, eine ganze Woche. Möchten Sie anschließend noch mehr für sich tun? Am Ende des Buches finden Sie Rezepte zum Weitermachen und Experimentieren.

GEWOHNHEITEN AUFBRECHEN

Es ist nicht immer leicht, lang gepflegte Ess- und Trinkgewohnheiten zu ändern. Vielleicht trinken Sie eine Tasse Kaffee, um wach zu bleiben? Eventuell essen Sie leicht verwertbare Kohlenhydrate, wenn der Blutzucker abgerutscht ist? Oder nehmen ein Stück Schokolade, wenn Sie traurig oder frustriert sind?

Um Gewohnheiten zu ändern, müssen wir aus unserem alten Trott herauskommen und Kleinigkeiten Schritt für Schritt ändern. Man kann zum Beispiel beim Zähneputzen die andere Hand als sonst verwenden – und schon ist eine

Gewohnheit durchbrochen. Nehmen Sie auch zum Essen mal die andere Hand und Sie werden sehen, dass Sie weniger essen. Um eine Gewohnheit zu ändern, brauchen wir Motivation und viel Freude.

AUSDAUER LOHNT SICH

Einen neuen Lebensstil erreicht man nicht von heute auf morgen, man muss sich schon etwas bemühen, um etwas Neues zu erreichen. Marathonläufer beginnen mit kürzeren Strecken, bevor sie sich auf längere Strecken vorbereiten. Sie strengen sich Schritt für Schritt an, damit sie am Ende auch an einem Marathonlauf teilnehmen und durchhalten können.

Dasselbe gilt auch beim Abnehmen oder beim Tanken von mehr Energie. Wenn Sie ein paar Kilos verlieren möchten, müssen Sie anders leben, denken und essen als zuvor. Wünschen Sie sich mehr Energie, sollten Sie sich Klarheit darüber verschaffen, was Sie genau verändern müssen, um das zu erreichen. Es gibt keine magischen Pillen, die Sie von überflüssigen Kilos befreien oder mit neuer Energie versorgen. Ausschlaggebend ist, wie Sie jeden Tag gestalten, um einerseits erfolgreich abzunehmen oder andererseits energiegeladener zu werden.

Den alten Trott und schlechte Gewohnheiten abzulegen und auszutauschen erfordert von Anfang an viel Arbeit. Damit Sie es schaffen, Ihren Lebensstil zu ändern, brauchen Sie viel Motivation und vielleicht auch Menschen, die Sie in schwierigen Situationen – oder wenn Sie schwach zu werden drohen – unterstützen.

WAS MOTIVIERT SIE?

Die größte Chance für eine geglückte Detox-Woche heißt Motivation. Und wenn der Widerstand am stärksten ist, dann sollten Sie sich alle Ihre Motive und guten Vorsätze immer wieder vor Augen führen. Das bringt Sie Ihren Vorhaben wieder näher. Hier ein paar Beispiele:

- Wenn Sie Kopfschmerzen bekommen, weil Sie keinen Kaffee getrunken haben – denken Sie daran, dass Sie auch ohne süchtig machenden Koffeinkick munter werden können.
- Wenn die Gier auf Zucker am größten ist und Sie zu einem Stück Schokolade greifen möchten – überlegen Sie, warum Sie darauf verzichten sollten. Der Verzicht auf Zucker ist mit am wichtigsten, denn Zucker entzieht dem Körper Mineralien und macht ihn auf Dauer sauer. Greifen Sie in solchen kritischen Situationen lieber zu Rohkost, die mit ihrer natürlichen Süße eine gute Kombination an Nährstoffen und Enzymen enthält.
- Wenn Sie mal zu müde und hungrig sind, um eine Detox-Mahlzeit vorzubereiten – werfen Sie einen Blick auf die Zeitangabe bei den Rezepten. Wählen Sie ein Gericht aus, das in wenigen Minuten zubereitet ist, und sorgen Sie für ausreichend Vorrat, damit Sie sich schnell etwas Leckeres zaubern können.

IHR ZIEL ALS BILD

Bevor Sie mit dem Detox-Programm beginnen, versuchen Sie zu visualisieren, was Sie mit Ihrem neuen Lebensstil erreichen wollen. Innere Bilder sind ein effektives Werkzeug, um sich die eigenen Ziele bewusst zu machen und sich so noch besser darauf einstellen zu können. Ein Beispiel: Sie kommen von der Arbeit nach Hause, fröhlich und voller Energie. Sie sehen sich selbst in einem schönen Kleid, Ihre Haut glänzt und die Augen strahlen. Sie fühlen sich gelassen und innerlich ausgeglichen. Derartige innere Bilder können von unserem Zellsystem aufgenommen werden und bei Bedarf erfolgreich als Motivationsstütze verwendet werden oder beim Durchhalten helfen. Fragen Sie sich einmal: Wie sehe ich mich selbst mit strahlender Gesundheit? Wie kann ich am schnellsten diese neue Person werden und den Veränderungsprozess auch noch genießen?

Positive Bilder und Glaubensvorsätze stimmen uns nicht nur im Moment optimistisch, sondern steigern langfristig unsere Motivation, etwas Gutes für uns und unseren Körper zu tun.

DETOX – WAS IST DAS?

Detox bedeutet Entgiftung, bei der man mithilfe einer Ernährungsumstellung den Darm säubert und die inneren Organe reinigt. Dadurch wird auch der ganze Körper reiner. Während der Detox-Kur werden tierische Produkte, Gluten (Klebereiweiß), Milchprodukte und Zucker ausgeschlossen. In der Entgiftungsphase trinkt man auch keinen Kaffee oder Alkohol.

Der Körper entgiftet jeden Tag ganz automatisch. Sein Reinigungssystem ist immer aktiv – wir entgiften uns ständig über den Urin, Stuhlgang, Schweiß und auch beim Atmen. Aber manchmal ernähren wir uns ungesund oder essen mehr, als der Körper verkraften kann. Dann fühlen wir uns vielleicht etwas träge und aufgebläht. Die Kunst ist, genau so viel zu uns zu nehmen, wie wir auch wirklich brauchen. Essen wir zu viel, kann das unsere inneren Organe überstrapazieren, zu Übergewicht und Fäulnisprozessen im Darm führen.

Außerdem nehmen wir auch Gifte durch die Umwelt auf, durch Verschmutzung, Chemikalien und Zusätze im Essen, aber auch durch Medikamente und Tabak. Die schlimmsten Vergiftungen fügen wir uns allerdings selbst durch ungeeignete Lebensmittelkombinationen oder Fast Food zu. Nach dem Essen liegen die Nahrungsbestandteile unverdaut im Darm, was Fäulnisprozesse auslöst und dazu führt, dass die Gifte durch die Darmwand ins Blut gelangen. Über den Blutkreislauf werden Nieren und Leber, deren Aufgabe es eigentlich ist, zu entgiften und auszuscheiden, mit Giftstoffen belastet. Man geht davon aus, dass etwa 70 Prozent der Immunabwehr im Darm sitzt.

Das bedeutet: Um so gesund wie möglich zu bleiben, brauchen wir einen gut funktionierenden Darm. Damit Sie wissen, woher die belastenden Gifte kommen, hier ein kurzer Überblick.

WOHER KOMMEN DIE GIFTE?

Gifte von außen:

- Gifte in der Luft, im Wasser und im Essen
- Chemikalien in Lebensmitteln in Form von Schädlingsbekämpfungsmittelresten
- Diverse Zusätze in den Lebensmitteln, die Geschmack, Konsistenz und Haltbarkeit beeinflussen
- Abgase
- Tabak
- Alkohol
- Medikamente

Gifte von innen:

- Minderwertige Lebensmittel wie Margarine, raffinierte Lebensmittel, Zucker und Weizenmehl bilden Gifte im Darm, die zu einer schlechten Darmflora führen und auf Dauer zu einer Darmdysbiose, einem Ungleichgewicht in der Darmflora.
- Lebensmittelreste, die aufgrund schlechter Verdauung, das heißt zu wenig Salzsäure im Magen, mangelnde Verdauungsenzyme aus der Bauchspeicheldrüse und einer schlecht ausbalancierten Darmflora, ungenügend bearbeitet und abgebaut werden.
- Schlacken und Gifte, die in den Zellen der verschiedenen Organe gebildet werden.
- Hormone und andere Stoffe, die im Körper gebildet und abgebaut werden müssen.

WANN SOLLTEN SIE DETOXEN?

Sind der Darm und die inneren Organe überlastet, kann der Körper leicht aus dem Gleichgewicht geraten. Dies wiederum hat unter anderem Müdigkeit, Gelenkschmerzen und Schlafstörungen zur Folge. Um ein gesundheitliches Problem leichter lösen zu können, empfehlen Ernährungsexperten in vielen Fällen erst einmal das Detoxen. Darm und Körper sollten so rein wie möglich sein, bevor eine endgültige Diagnose gestellt wird. Oftmals ist man nach dem Entgiften die Beschwerden wieder los, weil sich dann zeigt, dass der Körper »nur« mit zu vielen Giften belastet war.

Detox lindert Beschwerden wie diese:

- Müdigkeit
- Gier auf Zucker
- Gliederschmerzen
- Verstopfung
- Schlafstörungen
- Übergewicht
- Unreine Haut
- Niedergeschlagenheit
- Ekzeme
- Allergien

Möglicherweise sind Sie während der Detox-Phase müde, fühlen sich vielleicht sogar schwindlig, Sie frieren oder brauchen mehr Schlaf. Dies alles sind Zeichen dafür, dass der Körper sich von innen reinigt. Akzeptieren Sie dieses Unbehagen – es wird wieder vorbeigehen. Was während des Detoxens und danach mit dem Körper geschieht, variiert von Mensch zu Mensch. Umfang und Ausmaß ist davon abhängig, wie man zuvor gelebt hat. Sollten die Symptome zu heftig werden, dann lassen Sie es ruhig etwas langsamer angehen, damit der Körper sich nicht zu schnell von den Giften befreit.

Essen Sie dann kleine, gekochte vegane Gerichte mit glutenfreiem Getreide wie Quinoa, ruhen Sie sich mehr aus und trinken Sie Kräutertee.

Können Sie »durchhalten« oder kostet es Sie im Moment so viel Kraft, sodass Sie die Detox-Kur abbrechen müssen? Auch das ist absolut in Ordnung. Vielleicht ist das Detoxen momentan nicht das Richtige für Sie? Dann finden Sie einen anderen Zeitpunkt – es ist nie zu spät!

Die meisten merken sehr schnell, dass sich etwas in ihrem Körper verändert. Sie fühlen sich frischer, leichter, fröhlicher, der Magen funktioniert besser, die Gelenke werden weicher, die Augen strahlen. Ein Glücksgefühl und eine friedliche Ruhe breiten sich aus. Sie haben dann

- mehr Energie,
- einen stabileren Blutzucker,
- geschmeidige Glieder,
- einen tieferen Schlaf,
- eine glattere Haut,
- einen klaren Blick,
- einen frischeren Körpergeruch und Atem,
- eine verbesserte Geschmackswahrnehmung.

Fragen und Antworten zur Detox-Kur

Kann ich während Schwangerschaft und Stillzeit detoxen?

Es ist empfehlenswert, zu warten, bis man abgestillt hat, weil die freigesetzten Gifte in die Muttermilch übergehen können. Aber Sie können gerne mehr Obst, Gemüse, Nüsse und Superfoods (siehe Seite 52) zu sich nehmen.

Kann ich rauchen?

Viele hören beim Detoxen sogar ganz auf mit dem Rauchen. Die Zigaretten schmecken einfach nicht so gut, wenn der Körper rein ist. Versuchen Sie, den Nikotinkonsum möglichst gering zu halten. Wichtig ist, dass Sie detoxen und durchhalten.

Wie viel kostet eine Detox-Woche?

Ihre Lebenshaltungskosten können höher sein als sonst, da Sie viele Zutaten nicht im Haus haben und erst einkaufen müssen. Ein Teil davon wird übrig bleiben und lässt sich auch hinterher verwenden. Die Kosten können aber auch höher sein, wenn man vermeintlich billiges Essen wie Pasta, Fertigprodukte und Wurst kauft.

Kann ich Kaffee trinken?

Eigentlich sollte man auf Koffein verzichten. Dann kann man spüren, ob man müde ist und ausruhen sollte, anstatt den Körper mit Koffein aufzuputschen. Wenn Sie gar nicht auf Kaffee verzichten können, dann reduzieren Sie zumindest die Menge. Genießen Sie lieber täglich einen Espresso und machen ein gemütliches Stündchen daraus.

NATÜRLICHES GEWICHT

In unserer Gesellschaft ist ständig die Rede von Körpergewicht. Dabei wird das Schlanksein häufig mit dem Glücklichsein gleichgestellt. Zu Neujahr und vor jedem Sommer werden immer wieder schnelle Abnehmkuren kreiert. Wie ich bereits erwähnt habe, gibt es tatsächlich Blitz-Methoden, die funktionieren. Die wirken aber leider nur kurzfristig und sind zudem ungesund. Wenn Sie mit Rohkost detoxen und sich anschließend weiterhin größtenteils von Rohkost ernähren, pendelt Ihr Körper sich auf ein natürliches Gewicht ein. Wir alle haben ein

natürliches Gewicht, das auf unsere individuelle Konstitution abgestimmt ist. Manche Menschen sind groß, andere dagegen klein, einige haben einen großen Busen, wieder andere ein fülliges Hinterteil. Es ist an der Zeit, dass wir diese Unterschiede annehmen und unser Wohlfühlgewicht finden. Darum geht es mir.

Essen Sie regelmäßig hochwertige Lebensmittel, dann bekommt Ihr Körper alles, was er zum Erfüllen all seiner Aufgaben oder zum Abnehmen braucht. Nach und nach erreichen Sie so Ihr natürliches Gewicht und können es auch halten. Es geht darum, das Richtige zum richtigen Zeitpunkt zu essen.

Seitdem ich mich von Rohkost ernähre, hält sich mein Gewicht ziemlich stabil – plus oder minus drei Kilo, je nach Jahreszeit, je nach Phase meines Menstruationszyklus und je nachdem, wie es mir gefühlsmäßig geht. Wenn ich Entscheidungen treffe, von denen ich weiß, dass sie das Beste für mich sind, dann ist mein Gewicht nicht mehr so wichtig. Inzwischen ist mir das Gefühl von Leichtigkeit und Zufriedenheit wichtiger. Die ganze Energie, die ich früher darauf verwendet habe, darüber nachzudenken, was ich essen darf und was nicht, stecke ich jetzt in andere, fröhliche Gedanken. Ein doppelter Gewinn also – Körper und Seele werden wesentlich leichter.

DER FANTASTISCHE DARM

Der Darm ist das größte Kontaktorgan des Menschen zu seiner Umwelt und stellt damit eine Verbindung zwischen dem Körperinneren und der Außenwelt dar. Über die verzehrten Nahrungsmittel und deren Abbauprodukte wird er mit vielen fremden Substanzen wie Bakterien und deren Stoffwechselprodukten sowie Hefen, Pilzen, Viren und den unterschiedlichsten Schadstoffen konfrontiert. Das bedeutet, dass sich der Darm ständig schützen muss, um funktionsfähig zu bleiben. Besonders der Dickdarm benötigt ein gutes Abwehrsystem, denn in diesem Darmabschnitt wird der Kot nur sehr langsam weitertransportiert, infolgedessen können sich dort die Bakterien ungestört vermehren. Deren Giftstoffe können auf die Darmschleimhäute einwirken und diese im Laufe der Zeit schädigen. Deshalb müssen wir uns um ihn kümmern und ihn pflegen. Die westliche Ernährungsweise macht den Darm leider träge. Dazu kommt, dass minderwertige Lebensmittel mit zu vielen gesättigten Fettsäuren oder zu wenig Ballaststoffen, aber auch eine einseitige und unausgewogene Ernährung mit zu vielen Weizenmehlprodukten, weißem Zucker, regelmäßigem Alkoholgenuss und Kaffee eine schlechte Verdauung und einen schädlichen Gärungs- und Fäulnisprozess im Darm auslösen. Bei der bakteriellen Gärung entstehen Säuren wie Milch- und Essigsäure sowie Alkohole. Bei der Fäulnis von Eiweiß werden giftige Amine und andere Verbindungen, zum Beispiel Histamin und Tyramin, freigesetzt, das die Blutgefäße erweitern und zu Kopfschmerzen führen kann. Diese Prozesse wiederum aktivieren die »schlechten« Darmbakterien, die ihrerseits Gifte erzeugen und die empfindlichen Schleimhäute schädigen. Wenn das nicht verhindert wird, entzündet sich der Darm, die Gifte gelangen ins Blut und belasten die Entgiftungsorgane Leber und Nieren. Aber auch andere Organe wie Herz und Gehirn werden belastet. Die Leber ist ein zentrales Ausscheidungsorgan. Sie verändert die anfallenden Abfallprodukte chemisch so, dass sie über die Niere oder über die Galle ausgeschieden werden. Während die Niere die schädlichen Stoffe nach außen transportiert, entleert die Galle diese Stoffe in den Zwölffingerdarm – das ist das erste Stück des Dünndarms. Bei einer optimalen Darmfunktion werden diese Stoffe so schnell wie möglich weitertransportiert und ausgeschieden. Werden die Stoffe jedoch aufgrund eines gestörten Darms nicht zügig weitergeleitet, gelangen sie wieder in den Blutkreislauf. Diese kreisenden Giftstoffe können unterschiedliche Beschwerden auslösen. Der Schlackenspiegel steigt an und wiederum ist die Leber als Entgiftungsorgan gefordert. Das belastet auf Dauer die Leber.

Diese Form von Selbstvergiftung durch den Darm kommt bei fast allen Menschen vor.
Der Kot eines Säuglings riecht säuerlich, aber nicht schlecht. Der Kot eines Erwachsenen hingegen riecht unangenehm. Bei Menschen mit Darmproblemen oder bei alten Menschen kann der Kot äußerst übel riechen. Dies ist dann ein Zeichen dafür, dass der Darm nicht richtig funktioniert und Gifte über die Blutbahn in die Organe gelangen.

Eine schlechte Nährstoffversorgung ist eine weitere Folge, wenn die Darmschleimhäute durch Gifte geschädigt sind. Es kommt zu einem Nährstoffmangel im Körper, was wiederum zu einer eingeschränkten Aktivität der Zellen und auch der Entgiftungsfunktion der Leber führt. Die Leber braucht Nährstoffe, um effektiv reinigen zu können. Mit einer Darmreinigung durch eine Detox-Kur können Sie Ihrem Darm etwas Gutes tun. Schon kurz nach dem Beginn der Kur werden Sie sich bedeutend wohler fühlen. Denn der Darm besitzt fantastische Fähigkeiten, sich selber zu heilen.

Halten Sie den Darm in Schwung!

Wenn Sie plötzlich mehr Ballaststoffe zu sich nehmen, als Sie es normalerweise gewöhnt sind, kann Ihr Magen anfangs darauf reagieren – entweder mit Verstopfung oder mit dem Gegenteil, dass Sie öfter als sonst auf die Toilette müssen. Reagiert der Magen mit Verstopfung, können Sie ihn mit einfachen Mitteln unterstützen. Denn es ist äußerst wichtig, dass sich der Darm mindestens ein- bis zweimal täglich entleeren und damit die Gifte regelmäßig ausscheiden kann.

SO BRINGEN SIE IHREN DARM AUF TRAB!

Hier einige hilfreiche Tipps für den Darm. Wählen Sie aus, was am besten zu Ihnen passt:

- Verrühren Sie 2 EL gemahlene Flohsamenschalen (Psyllium) aus dem Reformhaus in einem Glas Wasser und trinken Sie es vor dem Frühstück. Trinken Sie anschießend noch zwei weitere Gläser Wasser. Trinken Sie außerdem den ganzen Tag über Wasser, um den Darm in Gang zu halten.
- Chiasamen aus dem Reformhaus oder Internetshop bringen den Darm in Schwung, da sie ballaststoffreich sind. Mit Wasser verrührt wird daraus eine Art Gel. Verrühren Sie 1 EL Chiasamen in einem Glas Wasser und trinken Sie die Mischung morgens.
- Weichen Sie etwa 1 EL Leinsamen in 100 ml Wasser über Nacht ein und trinken Sie die Mischung direkt am Morgen. Wenn nötig, verdünnen Sie die Mischung mit etwas Wasser. Wer möchte, kann die Samen vorher auch durchsieben.
- Sie können auch jederzeit eine Darmspülung machen, zum Beispiel morgens, wenn der Darm sich nicht von selbst entleert hat. In der Apotheke gibt es einfache Einlaufsets zur Darmreinigung. Für eine gründlichere Darmspülung kann man auch zum Spezialisten gehen.
- Nehmen Sie morgens, mittags und abends Verdauungsenzyme aus dem Reformhaus oder Internetshop ein. Sie helfen bei der Verdauung und bei Verstopfung.
- Nehmen sie täglich Probiotika aus dem Reformhaus ein! Probiotika sind Mikroorganismen, die für die Darmflora und das Immunsystem sehr nützlich sind. Sie hemmen die Vermehrung der schädlichen Darmbakterien. Sauerkraut, Kohl, Tomaten, Zwiebeln und Hafer enthalten beispielsweise natürliche Probiotika.
- Ein Gläschen Apfelessig vor dem Essen hilft ebenfalls der Verdauung.

Chiasamen sind eine gute Quelle für pflanzliche Omega-3-Fettsäuren. Außerdem sind sie vitamin- und eiweißreich. In Kombination mit Wasser quellen sie stark auf und können als Bindemittel verwendet werden. Die Samen gibt es inzwischen in gut sortierten Bioläden oder im Internet.

DIE DETOX-KUR JUST DO IT!

Dieses Detox-Programm ist für mittelaktive Frauen mit sitzender Tätigkeit vor dem Computer gedacht, die hin und wieder mit dem Fahrrad zur Arbeit fahren, zwei- bis viermal pro Woche mittelintensiv trainieren und in der Freizeit aktiv sind. Männer, die viel trainieren oder einen sitzenden Job haben, müssen die Mengen der Mahlzeiten an ihr Aktivitätsniveau anpassen. Sie sollten sich während des Tages nicht hungrig fühlen, sondern gleichmäßig energiegeladen sein. Das wird durch die Mahlzeiten geregelt. Lernen Sie im Laufe der Zeit, zwischen Hunger und Gelüsten zu unterscheiden.

Jeder ist einzigartig und ein biochemisches Individuum. Deshalb braucht jeder Mensch für sein Wohlbefinden unterschiedliches Essen. Es gibt sogar Forschungsergebnisse darüber, dass eine Entgiftungskur mit Rohkost helfen kann, den eigenen Körper und die persönlichen Bedürfnisse besser zu verstehen. Reines, rohes Essen reinigt nicht nur den Körper, sondern harmonisiert auch das Hormonsystem und versorgt den Körper mit vielen Nährstoffen, die munter und fröhlich machen!

WER PLANT, GEWINNT

Eine gute Planung vor der Detox-Kur ist das A und O, damit Sie die Kur so gut wie möglich durchstehen. Bevor Sie loslegen, bereiten Sie sich am besten so vor:

- Lesen Sie alle Rezepte genau durch und machen Sie eine Einkaufsliste. Manche Lebensmittel sind vielleicht neu für Sie. Was Sie nicht im Supermarkt kaufen können, gibt es eher im Bioladen oder Reformhaus. Falls Sie es aber auch dort nicht bekommen, lohnt sich ein Blick ins Internet. Einige Lebensmittel in den Bonusrezepten ab Seite 124 bekommen Sie nur übers Internet. Aber warten Sie mit dieser Bestellung, bis Sie sich an das Zubereiten der Rohkost gewöhnt haben.
- Falls Sie allergisch gegen bestimmte Nusssorten sind, ersetzen Sie diese durch andere Nüsse, Samen oder auch Kerne. Gute Alternativen sind beispielsweise Sonnenblumenkerne, Kürbiskerne oder Hanfsamen.
- Kontrollieren Sie, ob alle Küchengeräte da sind, die benötigt werden. Eine Liste

mit praktischen Küchenhelfern finden Sie auf Seite 48. Sie müssen sich nicht alles anschaffen, aber vielleicht lohnt sich die eine oder andere Investitionen doch.

- Überlegen Sie, wie lange Sie diese Kur machen möchten. Am allerbesten und am wirkungsvollsten sind natürlich sieben Tage.
- Entscheiden Sie, wie intensiv Sie entgiften möchten. Entweder Sie halten sich exakt an das 7-Tage-Programm oder Sie nehmen mehr grüne Smoothies dazu (siehe Seite 78).
- Wenn Sie Medikamente einnehmen oder krank sind, beraten Sie sich mit Ihrem Arzt oder Heilpraktiker, bevor Sie mit der Kur beginnen.

SO ZIEHEN SIE DIE DETOX-KUR DURCH

Für manche ist das Durchführen und Durchhalten schwierig, für andere dagegen ganz einfach. Entscheiden Sie selbst, ob Sie Ihre Umgebung über die Kur informieren wollen oder nicht. Manche möchten ihre Ernährungsumstellung für sich behalten, andere brauchen währenddessen Verständnis und Unterstützung.

Ausreden und Einwände gegen eine Kur gibt es immer. Um dafür gerüstet zu sein, sollten Sie vorab einen günstigen Zeitpunkt für den Start finden und eine Abmachung mit sich selbst treffen. Denn eine Woche ist mit der richtigen Planung überschaubar und gut realisierbar. Stellen Sie sich zur Vorbereitung die folgenden Fragen und schreiben Sie Ihre Antworten dazu auf.

- Brauche ich die Kur wirklich?
- Werde ich Zeit dafür haben?
- Was ist, wenn ich beruflich sehr viel unterwegs bin?
- Was werden meine Kollegen sagen?
- Unterstützt mich meine Familie?

Fallen Ihre Antworten eher negativ aus, dann sind Sie noch nicht bereit für eine Detox-Kur und sollten noch damit warten und einen anderen Termin für den Start wählen.

Nach und nach umstellen

1 Gehen Sie am besten schon eine Woche vorher zu einer vegetarischen Kost über, bevor Sie auf Rohkost umstellen.
2 Reduzieren Sie zunächst den Genuss von tierischen Produkten wie Fleisch, Geflügel, Fisch, Eier sowie Milchprodukten und schnell verwertbaren Kohlenhydraten wie Pasta, Reis, Brot, Kuchen, Kekse und weißer Zucker bereits einige Tage oder sogar eine Woche vor dem Beginn der Kur.
3 Senken Sie den Konsum von Koffein, Nikotin und Alkohol.
4 Streichen Sie schließlich Weißmehl, Zucker und Milchprodukte von Ihrem Speiseplan.
5 Essen Sie überwiegend gedämpftes Gemüse wie Brokkoli, Blumenkohl oder Ihr Lieblingsgemüse, im Ofen gebackenes Wurzelgemüse wie Möhren, Knollensellerie, Süßkartoffeln und Pastinaken oder gegartes Getreide wie Quinoa, Couscous und Bulgur zum Salat.

DIE DETOX-KUR ERFOLGREICH DURCHSTEHEN

Wählen Sie für die Kur einen Zeitpunkt ohne allzu viel Hektik. Ihr Terminkalender sollte nicht vollgepackt sein mit Sitzungs- und Essensvereinbarungen oder anderen Verpflichtungen. Für eine erfolgreiche Detox-Kur brauchen Sie außerdem eine gute Portion Freude und Humor! Gehen Sie Ihre Lebensstiländerung mit positiven Gedanken an. Ohne Freude oder positives Denken halten neue Gewohnheiten nicht lange an – und das wollen Sie doch!

> Ich empfehle Ihnen nicht, nach der Kur monatelang laut Programm weiterzuessen. Das kann dazu führen, dass Sie vergessen nachzufühlen, was IHNEN wirklich guttut. Stattdessen können Sie die Kur jederzeit wiederholen, wenn Sie sich nach einem Energie-Boost sehnen.

Hier ein paar Anregungen, wie Sie den Weg zu Ihrem neuen Lebensstil angenehm gestalten können. Denken Sie täglich daran:

- Machen Sie Tiefenatemübungen (siehe Seite 27), bevor sie essen.
- Essen Sie, bis Sie angenehm satt sind.
- Essen Sie kleine Mahlzeiten und so oft wie nötig.
- Halten Sie für Durchhänger einen Knabber-Snack mit Nüssen, Samen und Trockenobst bereit.
- Betrachten Sie die Mahlzeit als eine »stille Stunde«. Halten Sie einen Augenblick inne und denken Sie mit Dankbarkeit an die Nahrung.
- Kauen Sie so lange, bis sich die Nahrung fast verflüssigt hat, denn die Verdauung beginnt bereits im Mund. Der Magen wird es Ihnen danken.
- Hungergefühle müssen nicht sein, sie gehören nicht zu einer Detox-Kur. Unterscheiden Sie aber zwischen Hunger und Gelüsten.
- Trinken Sie jeden Tag viel Wasser – dafür gibt es eine einfache Formel: Körpergewicht in kg x 0,033=Trinkmenge in Liter pro Tag.
- Trinken Sie täglich etwa 1 bis 4 Tassen Kräutertee.
- Trinken Sie Ingwerwasser, falls Sie frieren sollten – das wärmt von innen. Dafür ein Stück frischen Ingwer (ca. 3 cm) schälen, fein reiben und mit einem Liter Wasser in einem Topf aufkochen.
- Trinken Sie eine halbe Stunde vor der Mahlzeit und eine Stunde danach nichts, so können die Magensäfte ungestört arbeiten.
- Begegnen Sie den Herausforderungen mit einem Lächeln auf den Lippen und denken Sie daran: Mögliche Schwierigkeiten sind nur vorübergehend und lösbar.
- Halten Sie die ersten Tage durch und spüren Sie, wie Ihr Körper sich über Rohkost freut. Stecken Sie andere mit Ihrer Lebensfreude an, dann wollen auch sie eine Detox-Kur machen und fröhlicher werden.
- Wählen Sie immer die beste Alternative, wenn Sie außer Haus essen, oder essen Sie vorher.
- Erklären Sie Ihren Freunden, was Sie

tun und warum. Dann bekommen Sie sicher Unterstützung und Hilfe, wenn es nötig ist.

- Wenn Sie Süßhunger bekommen, beobachten Sie sich eine Weile. Fragen Sie sich, was der Grund sein könnte. Für Süßhunger gibt es viele Ursachen. Vielleicht haben Sie zu wenig geschlafen, zu wenig Wasser getrunken, zu wenig gegessen? Oder Sie versuchen, eine emotionale Leere mit Süßem zu füllen. Lenken Sie sich ab oder bewegen Sie sich. Wenn das nicht hilft, trinken Sie etwas Wasser oder stillen den Süßhunger mit Obst oder Trockenobst.
- Ruhen Sie sich aus, wenn Sie mögen.
- Bewegen Sie sich jeden Tag: Spazierengehen, Yoga, Stretching, leichtes Joggen und Tanzen sind während einer Detox-Kur ideal.
- Eine Trockenbürstenmassage morgens vor dem Duschen hilft der Haut beim Reinigen.
- Nehmen sie ein heißes Bad mit aromatischen Duftölen. Lavendelöl beruhigt und entspannt. Zitronengrasöl sorgt für Klarheit, stimmt positiv, reinigt die Luft und fördert das Konzentrationsvermögen. Pfefferminzöl stärkt das Gedächtnis, muntert auf, hilft bei Kopfschmerzen, Übelkeit und Verdauungsstörungen.
- Begrenzen Sie Verpflichtungen und Stress.
- Senden Sie friedvolle und liebevolle Gedanken an Ihre Zellen.
- Genießen Sie jeden Tag der Detox-Woche. Betrachten Sie jeden Tag als einen Schritt zu Ihrem Ziel.
- Finden Sie heraus, was Sie motiviert, und halten Sie daran fest.

NACH DER DETOX-KUR

Bevor Sie Ihre Detox-Kur beenden, setzen Sie sich in aller Ruhe hin und überlegen, was Sie davon in Ihren Alltag integrieren möchten. Entscheiden Sie, welche Essgewohnheiten oder Verhaltensweisen Sie beibehalten möchten und welche nicht. Bereiten Sie sich vor, wie Sie nach der Detox-Kur essen werden. Nicht dass Sie sagen: »Yippie, jetzt ist es vorbei!« – und essen gleich wieder eine Pizza oder Fast Food.

Stellen Sie die Ernährung nach der Kur allmählich um. Behalten Sie Rohkost als Basis bei und ergänzen Sie in kleinen Mengen Lebensmittel, die Sie vorher gegessen haben. Beobachten Sie, wie es Ihnen schmeckt und wie der Körper darauf reagiert – fast so, als würden Sie diese Lebensmittel zum ersten Mal genießen. Auf diese Weise erkennen Sie leicht, was Sie vor der Kur nur aus Gewohnheit gegessen haben, was Ihnen wirklich gut schmeckt und Sie tatsächlich mit Energie versorgt.

Am Ende der Detox-Kur werden Sie leichter entscheiden können, welche Lebensmittel für Sie gut sind. Vielleicht müssen Sie auch mehr trainieren, regelmäßiger spazierengehen oder auch nur ausruhen, um Kraft zu tanken. Mit einem gereinigten Körper ist es viel einfacher, zu erkennen, was man wirklich braucht. Man muss dann nicht mehr irgendetwas auf die Schnelle essen, das eigentlich zu wenig Energie enthält.

> **!** Reinigen und aufräumen! Jedes Mal, wenn ich detoxe und strikter werde in meiner Ernährung, dann räume ich auch auf, entsorge alte Kleidung, schaffe Ordnung in meinen Schränken und mache sauber. Es ist, als ob sich das Reinigen des Körpers auch auf äußere Ebenen auswirkt.

Den neuen Lebensstil etablieren

Für den einen oder anderen ist es vielleicht schwer, den neuen Lebensstil und die gesünderen Essgewohnheiten in den Alltag zu integrieren. Doch mit etwas Planung und den folgenden Tipps auf dieser Seite können Sie nach der Detox-Kur erfolgreich in ein neues gesundes Leben starten und dieses langfristig beibehalten:

- Denken Sie daran, dass Sie einzigartig sind – finden Sie heraus, was Ihnen auf Dauer guttut.
- Seien Sie nett zu sich selbst und erinnern Sie sich immer wieder daran, dass eine allmähliche Veränderung über eine längere Zeit besser ist als eine erfolglose Blitz-Diät. Nehmen Sie sich genügend Zeit, um wirklich wahrzunehmen, was sich in Ihrem Körper abspielt. Diese Selbstbeobachtung ist wichtig und legt den Grundstein für eine andauernde und erfolgreiche Veränderung.
- Konzentrieren Sie sich auf das, was Sie gut können. Und tun Sie noch ein bisschen mehr!
- Seien Sie konsequent und nicht wie ein Jo-Jo – heute Fast Food und morgen Rohkost. Beginnen Sie langsam und in kleinen Schritten und nehmen Sie sich die Zeit, die Sie brauchen, um Ihren Lebensstil im Alltag zu gestalten.
- Planen Sie Ihre Mahlzeiten, dann essen Sie nicht einfach irgendetwas auf die Schnelle.
- Lassen Sie sich auch weiterhin von den Rezepten für Smoothies und Desserts inspirieren. Nehmen Sie Ihre Detox-Favoriten mit in den Alltag.
- Trinken Sie weiterhin Smoothies – sie sind leicht mitzunehmen und spenden wohltuende Energie zwischen den übrigen Mahlzeiten.
- Tauschen Sie weiterhin alle Süßigkeiten gegen Rohkost-Varianten aus. Jetzt können Sie sich täglich Leckereien gönnen und gleichzeitig Ihren Körper mit wichtigen Nährstoffen versorgen.
- Gehen Sie kreativ mit den Zutaten um, die Sie zu Hause haben, wenn Sie Rohkost zubereiten.
- Führen Sie ein Ess-Tagebuch, um zu sehen, was Sie eigentlich zu sich nehmen.
- Ob 50, 80 oder 100 Prozent Rohkost – Sie entscheiden, was zu Ihnen passt.
- Laden Sie Freunde und Familie zu Rohkostdesserts ein.

Nicht vergessen! Sie sind, was Sie nicht essen. Damit ist gemeint, was Sie beim Essen weglassen. Sie können mehr Obst und Gemüse essen, aber meiden Sie weiterhin Lebensmittel, die Ihnen wenig Energie geben. Denn sonst erreichen Sie nicht die Veränderung, die Sie sich so sehr wünschen. Essen Sie nichts nebenbei. Wählen Sie immer die beste Alternative, wo immer Sie sich gerade befinden – hier und jetzt!

WAS IST ROHKOST?

Zu Rohkost gehören frisches Obst, Beeren, Wurzelgemüse wie Möhren oder Knollensellerie, Gemüse wie Blumenkohl, Fenchel oder Brokkoli, grüne Blätter wie Spinat oder Rucola, Nüsse, Samen, Trockenobst, kalt gepresste Öle wie Kokos-, Oliven- oder Kürbiskernöl, Honig, Algen, Sprossen, Keime, Getreidesorten wie Buchweizen, Hafer oder Gerste und Superfoods (siehe Seite 52). Diese Lebensmittel werden nicht über 42 °C erhitzt. Denn die darin enthaltenen lebenden Enzyme, Biophotone und Flüssigkeit bleiben dadurch erhalten. Beim Erhitzen der Lebensmittel bis zu 40 °C bleiben die meisten Enzyme erhalten. Bei Temperaturen über 47,8 °C werden jedoch die meisten Enzyme zerstört. Bei der Zubereitung von Rohkost kommen unterschiedliche Gradangaben vor, doch wenn Sie sich an eine Temperatur zwischen 40 und 42 °C halten, können Sie sichergehen, dass die meisten Nährstoffe erhalten bleiben. Es gibt aber noch mehr Gründe, warum wir unser Essen nicht über 42 °C erhitzen sollten. Wenn wir unser Essen über 42 °C erhitzen, gehen 60–80 Prozent der Nährstoffe in den Lebensmitteln verloren.

Unsere Nahrung heute enthält ungefähr halb so viele Nährstoffe wie vor 100 Jahren. Zum größten Teil liegt das daran, dass viele Lebensmittel unreif geerntet und aus aller Welt importiert werden. Hinzu kommt: Die Böden sind stark belastet und ausgelaugt, weil sie oft nicht mehr brachliegen dürfen zur Erholung. Das hat zur Folge, dass unsere Nutzpflanzen nicht mehr genügend Nährstoffe aufnehmen können.

Aber auch eine zunehmende Übersäuerung des Köpers und Stress tragen dazu bei, dass wir viel mehr Nährstoffe brauchen.

LEBENSWICHTIGE ENZYME

Eine Detox-Kur mit Rohkost versorgt unseren Körper optimal mit Nährstoffen und Energie. Lebende Enzyme sind kleine Proteine und kommen natürlicherweise in rohen Lebensmitteln vor. Sie spielen eine wichtige Rolle bei der Verdauung, beim Stoffwechsel und bei der Stärkung der Abwehrkräfte, sie geben Kraft und stärken unser Durchhaltevermögen. Enzyme sind wärmeempfindlich und werden durch Erhitzen zerstört, deshalb enthält gekochtes Essen weniger vitale Enzyme als Rohkost. Ein Mangel an Enzymen verschlechtert die Verdauung und die Nährstoffaufnahme, was die Giftbelastung im Körper erhöhen und den Schutz vor Infektionen verringern kann. Rohkost gilt als Jungbrunnen und lässt Sie jünger aussehen. Diese Wirkung beruht auf dem hohen Enzymgehalt und den vielen Antioxidanzien (siehe Seite 34). Wenn Sie Ihre Ernährung auf Rohkost umstellen, geben Sie Ihren Zellen somit den perfekten Nährstoffmix für ein langes Leben. Experimente haben gezeigt, dass Ratten, die kalorienarmes und gleichzeitig nährstoffreiches Futter bekamen länger lebten als andere mit »gewöhnlichem« Futter. Aus diesem Ergebnis folgerte man, dass auch Menschen mit der gleichen Ernährungsweise länger leben können, da wir auf diese Weise die Zellen nicht belasten, sondern ihnen helfen, sich zu regenerieren sowie neue frische und starke Zellen zu bilden. Wenn wir unsere Zellen mit lebenden Enzymen stärken, ermöglichen wir uns also ein längeres und hoffentlich glücklicheres Leben. Wo Leben ist, da sind Enzyme – und umgekehrt!

BIOPHOTONE

Biophotone sind Lichternergien, die wir nicht immer sehen, aber ganz subtil wahrnehmen können. In den Zwanzigerjahren wies der russische Professor Alexander Gurwitsch auf die Tatsache hin, dass unsere Zellen Licht ausstrahlen und dass dies die Zellteilung und den Aufbau lebender Organismen beeinflussen könnte. Er entdeckte das Phänomen Biophoton und erklärte es folgendermaßen: »Biophotone sind schwache elektromagnetische Wellen, die von allen lebenden Systemen ausgestrahlt werden und eng mit den physiologischen und biologischen Funktionen der Zellen als Lebewesen verwandt zu sein scheinen. Alle lebenden Wesen generieren und senden Strahlen aus. Der Körper gibt Biophotone, elektromagnetische Frequenzen, Wärme, Laute und einen Geruch ab. Um welche Art von Strahlung es sich handelt, hängt direkt damit zusammen, in welchem Zustand der Körper sich befindet …«

»Bio« bedeutet Leben und »Photon« bedeutet Partikel, das Licht ausstrahlt. Biophotone sind nicht sehr bekannt, aber äußerst interessant. Alle lebenden Wesen sondern diese Partikel ab und senden sie nach außen. Mithilfe der »Kilianfotografie« können sie sichtbar gemacht werden. !

WARUM MIT ROHKOST DETOXEN?

Ungeachtet der Beschwerden, die uns plagen, strebt der Körper stets einen gesünderen Zustand an – wenn er die richtigen Voraussetzungen dafür bekommt. Mit Rohkost schaffen Sie eine gute Basis, denn …

… sie ist eine optimal nahrhafte Kost,
… sie ist reich an Enzymen, Vitalstoffen und Vitaminen,
… sie enthält Protein und Fett,
… sie stärkt das Immunsystem,
… sie entgiftet von innen,
… sie fördert heilende Prozesse,
… sie unterstützt aufbauende Prozesse in den Zellen,
… sie gibt Energie.

Rohkost bietet aber noch mehr Vorteile. Durch den hohen Ballaststoffgehalt werden Sie ein neues leichtes Sättigungsgefühl spüren. Nach etwa drei Stunden bekommen Sie ein natürliches Hungergefühl und der Körper ist wieder bereit, Nahrung aufzunehmen. Die meisten Menschen haben einen ausgeglichenen Blutzuckerspiegel, wenn sie alle drei Stunden etwas essen. Da die lebenden Enzyme in der Rohkost die Verdauung unterstützen, werden Sie sich nach dem Essen energiegeladen fühlen. Rohkost hält zudem den Darm in Schwung und unterstützt den Entgiftungsprozess. Sie können mit Rohkost auf gesunde Weise Gewicht verlieren. Und wenn Sie danach weiterhin 50–80 Prozent Rohkost essen, behalten Sie Ihr neues Gewicht sogar auf Dauer bei.

Wenn Sie damit beginnen, »reine« Kost zu essen, reagiert der Körper eventuell empfindlicher auf Lebensmittel, die Sie zuvor gut vertragen haben. Mit »rein« sind natürliche Lebensmittel gemeint, die weder bearbeitet noch raffiniert und frei von Schädlingsbekämpfungsmitteln, E-Nummern und trans-Fettsäuren sind.
Mit der Umstellung auf Rohkost haben Sie die Chance, gesünder zu leben als alle anderen. Sie leben auch auf anderen Ebenen bewusster und nehmen mehr und mehr wahr, was Ihnen guttut, wie Sie wohnen und arbeiten möchten, welche Beziehungen Sie glücklich machen – ja, alle Ihre Entscheidungen im Leben stimmen besser mit der Person überein, die Sie sein möchten.

Smoothies

Auch Smoothies gehören zum Rohkost-Programm. Wenn Sie rohe Zutaten im Mixer zerkleinern, ist es, als ob Sie extra viel kauen und den Verdauungsprozess erleichtern. Da Sie beim Mixen Flüssigkeit hinzufügen, erhalten auch Ihre Zellen mehr Flüssigkeit. Smoothies basieren meistens auf Obst und Beeren, Sie dürfen aber auch ruhig variieren und Nussmilch als Basis sowie Superfoods (siehe Seite 52) verwenden. Sie können auch wunderbare Schokoladen-Smoothies mit gefrorener Banane als Zutat zubereiten – die schmecken genauso gut wie Milchshakes!

Wenn Sie täglich grüne Blätter essen, wirkt sich das basisch auf den Körper aus. Der grüne Farbstoff in den Blättern ist Chlorophyll, man spricht auch von eingekapseltem Sonnenlicht. Chlorophyll ähnelt dem Hämoglobin, das wir im Blut haben – die chemische Struktur unterscheidet sich lediglich darin, dass Chlorophyll Magnesium und Hämoglobin Eisen enthält.
Je mehr grüne Blätter wir essen, desto leichter kann unser Körper das Blut reinigen. Je reiner unser Blut ist, desto gesünder werden wir. Daher sind gerade grüne Smoothies so unglaublich gesund (Rezepte ab Seite 78).

DETOX-PULVER ZUM EINSTIEG

Detox-Pulver gibt es im Reformhaus und ist unterschiedlich zusammengesetzt, um die verschiedenen Reinigungsphasen des Körpers zu unterstützen. Mit einem Detox-Pulver ist es zu Beginn leicht, den Körper zu reinigen, und es kann ein guter Einstieg für eine Lebensstilveränderung und Umstellung auf Rohkost sein. Eine langsame Umstellung auf gesündere Gewohnheiten ist langfristig gesehen jedoch die allerbeste Lösung.

DER KÖRPER – WIE ER FUNKTIONIERT

Leben ist Energie. Unsere Gedanken wie unser Körper sind vibrierende Energie. Unsere Gesundheit hängt nicht nur von einem optimalen Energieniveau ab, sondern von mehreren Faktoren, unter anderem von unserem Umfeld, von den Gedanken, Gefühlen, Beziehungen, der körperlichen Aktivität und der Lebensfreude. Unser Denken beeinflusst unsere Gefühle, diese wirken wiederum auf biochemische Prozesse im Körper. Ein Beispiel hierfür ist Sorge oder Angst vor dem nächsten Tag, was den Schlaf stören und somit das Energieniveau für den Tag herabsetzen kann. Ein niedriges Energieniveau kann zu erhöhter Einnahme von schnell verwertbaren Kohlenhydraten führen und infolgedessen zu einem Gärprozess im Darm. Gesunde Lebensmittel spenden unserem Körper jede Menge Energie. Verzichten Sie auf Lebensmittel wie Weißmehl und Zucker – sie rauben uns die Energie zum Leben. Sorgen Sie außerdem dafür, dass Körper und Seele im Einklang sind und Ihr Alltag lebendiger wird. Alles, was Sie zu einer optimalen Energieversorgung brauchen, sind diese vier Basics: Sauerstoff, Wasser, ausreichend Schlaf und optimales Essen.

SAUERSTOFF FÜR DIE ZELLEN

Unsere Zellen müssen ständig mit Sauerstoff versorgt werden. Je mehr Sauerstoff unsere Zellen über den Blutkreislauf bekommen, desto geringer ist das Risiko, krank zu werden. Mit jedem Atemzug sättigen wir unsere Zellen mit Sauerstoff. Beim Atmen helfen wir unserem Körper gleichzeitig, sich von Schlacken und Giften zu befreien. Wir atmen etwa 25 000 Atemzüge innerhalb von 24 Stunden. Das ist ein automatischer Prozess, der unseren Gedanken, Gefühlen und unserem physischen Körper folgt. Wenn wir unseren Atem wahrnehmen und erkennen, wie er unser Leben beeinflusst, können wir üben, bewusst zu atmen. Wohltuend sind ruhige, harmonische und tiefe Atemzüge. Wenn wir tief atmen, bewegt sich das Zwerchfell, das direkt mit dem Lymphsystem zusammenhängt. Und das Lymphsystem wiederum hilft dem Körper, sich von Schlacken zu befreien.

Die Atmung

Im Alltag müssen wir uns vor der Informationsflut der Medien und Anforderungen am Arbeitsplatz bis hin zu Chemikalien im Wasser und in der Luft schützen. Normalerweise warnt uns der Körper, wenn es zu viel wird. Wenn wir die Warnsignale aber nicht erkennen und nicht gegensteuern, reagiert unsere Atmung: Unser Atem wird schnell und flach, die Sauerstoffversorgung und der Kreislauf verschlechtern sich, was wiederum alle Körperfunktionen und Organe beeinträchtigt.

Unabhängig davon, welche gesundheitliche Verbesserung Sie durch das Entgiften mit Rohkost erreichen möchten, achten Sie immer auf Ihren Atem. Die wesentliche Aufgabe der Atmung ist die Versorgung des Organismus mit Sauerstoff sowie die Abgabe der im Gewebestoffwechsel entstandenen Kohlensäure. Außerdem reguliert sie den Säure-Basen-Haushalt und beteiligt sich an der Aktivität des Nervensystems. Üben Sie deshalb von Anfang an, bewusst ein- und auszuatmen. Bereits einige Minuten mit langen Atemzügen beruhigen den Körper und senken den Blutdruck.

Sie denken jetzt vielleicht: Man atmet doch sowieso. Richtig. Keiner geht morgens ohne zu atmen aus dem Haus. Aber viele gehen von zu Hause los, ohne sich ihrer Atmung bewusst zu sein. Interessant ist nicht, dass wir atmen, sondern wie wir atmen. Unsere Atmung ist die einzige innere Funktion, die wir wirklich steuern können. Da sie eine Menge andere Prozesse im Körper beeinflusst, können wir selbst für innere Ruhe und Ausgeglichenheit sorgen.

Unsere Gesundheit können wir täglich positiv beeinflussen, indem wir bewusst ruhig und tief atmen. Im Alltag verliert man leicht das Gefühl für das richtige Tempo. Dennoch können wir die Signale unseres Körpers deuten und gegensteuern. Dabei geht es darum, die richtige Balance zu finden in unserem autonomen Nervensystem, zwischen dem aktivierenden sympathischen Nervensystem, dem Stress, und dem parasympathischen Nervensystem, der Stressbremse. Wenn sich zu viel Stress aufstaut, entsteht ein destruktiver chronischer Stress. Dann kann man mit der Atmung gegensteuern und den Körper wieder in einen aufbauenden Zustand versetzen.
Auch ein übersäuerter Körper reagiert mit schnellerem Atmen und steigert die Lust auf Nahrungsmittel wie Weizenmehl, Zucker, tierische Produkte oder Fast Food, also auf Lebensmittel, welche die Übersäuerung des Körpers zusätzlich noch steigern.

Richtiges Atmen hat viel mit einem liebevollen Umgang mit dem eigenen Körper zu tun. Probieren Sie die folgende einfache Atemübung aus und beobachten Sie, was sie bei Ihnen bewirkt.

So wird`s gemacht:
Atmen Sie durch die Nase tief ein und zählen Sie dabei bis vier. Halten Sie den Atem an und zählen weiter bis zwölf. Anschließend atmen Sie durch die Nase aus und zählen bis acht. Wiederholen Sie diese Übung zehnmal. Beobachten Sie, wie Ihr Bauch sich beim Einatmen hebt und beim Ausatmen senkt.

Üben Sie das bewusste Atmen so lange, bis es automatisch erfolgt. Dann atmen Sie auch in Stresssituationen besser durch. Je öfter Sie üben, umso seltener werden Notsituationen mit flacher Armung eintreten, weil Sie nicht mehr so gestresst sind. Denn ein ruhiger Atem ist das A und O, wenn man seinen Stresspegel senken will. Die Vorteile durch bewusstes Atmen sind:

- erhöhte Konzentrationsfähigkeit
- weniger Stress
- mehr innere Ruhe
- besserer Schlaf
- mehr innere Balance
- niedrigerer Blutdruck
- gestärkte Abwehrkräfte

WASSER IST LEBENSELIXIER

Neugeborene bestehen zu 70 Prozent aus Wasser und Erwachsene zu etwa 50–60 Prozent. Wasser ist lebensnotwendig, weil es im Körper vielfältige Aufgaben übernimmt. Es ist Bestandteil sämtlicher Zellen und Körperflüssigkeiten, als Transport- und Lösungsmittel schleust es Nährstoffe über die Blutbahn in den Körper sowie Stoffwechselendprodukte und Gifte über die Ausscheidungsorgane aus dem Körper, zum Beispiel über die Nieren. Deshalb ist es so wichtig, dass Sie sehr viel trinken, möglichst zwischen den Mahlzeiten, damit die Magensäfte nicht verdünnt werden.

Jeder Mensch braucht etwa 30–40 ml Wasser pro Kilogramm Körpergewicht und Tag. Etwa ein Drittel der benötigten Wassermenge bekommt der Körper über Gemüse und Obst. Trotzdem müssen Sie noch Wasser trinken – täglich mindestens 1,5 Liter. Trinken Sie am besten ein Glas pro Stunde. Denn Wasser stillt auch den kleinen Hunger zwischendurch. Über Nieren, Darm, Haut und Lunge scheidet der Körper ständig Wasser aus. Die ersten Zeichen für einen Mangel an Wasser im Körper sind beispielsweise Müdigkeit, Süßhunger, Konzentrationsschwäche, Kopfschmerzen, sinkende Leistungsfähigkeit, Verstopfung, trockene Haut und Gliederschmerzen. Es kommt auch zu einer Ansammlung von Schlacken. An der Farbe Ihres Urins erkennen Sie, ob Sie zu wenig trinken. Eine intensiv gelbe Farbe deutet auf zu wenig Flüssigkeit im Körper hin, ein hellgelber und geruchsfreier Urin dagegen zeigt, dass Sie genügend trinken.

Reines Wasser?

Leider ist unser Wasser nicht so sauber, wie wir es gerne hätten. Für eine bessere Wasserqualität können Sie zum Beispiel einen Wasserfilter kaufen, den gibt es in verschiedenen Preisklassen. Falls Sie in der Nähe einer Quelle wohnen und dort Wasser holen können, ist das die allerbeste Alternative. Dann enthält das Wasser noch seine wirbelnde Energie und seinen natürlichen Gehalt an Mineralien. Die Qualität unseres Wassers ist entscheidend, ob die Zellen es sich zunutze machen können oder nicht.

! Kaffee, Tee, Bier, Limonadengetränke oder Mineralwasser können das Wasser nicht ersetzen! Wenn Sie diese Getränke als Durstlöscher wählen, sollten Sie zusätzlich noch Wasser trinken. Gewöhnen Sie sich an, nach einer Tasse Kaffee gleich zwei Gläser Wasser zu trinken. Das ersetzt die Flüssigkeit, die der Kaffee austreibt.

ERHOLSAMER SCHLAF

Der Schlaf ist ein Grundbedürfnis und unbedingt notwendig für unser Wohlbefinden. Kurzum: Schlaf ist lebenswichtig. Wir schlafen etwa ein Drittel des Tages – also ein Drittel des Lebens. Ein gesunder Schlaf ist der Muntermacher des Gehirns. Denn was das Gehirn am Tag verbraucht hat, muss nachts wiederhergestellt werden. Im Schlaf schaltet das Gehirn alle normalen Gedankenprozesse aus, sodass sich die meisten Zellen erholen können. Er ist nötig, damit Körper und Gehirn sich erholen und alle Eindrücke des Tages be- und verarbeiten können. Wenn Sie nachts gut schlafen, schaffen Sie die beste Voraussetzung, die Herausforderungen des nächsten Tages zu bewältigen.

Schlafzyklen

Der Schlaf ist kein ausschließlich passiver Zustand. Heute wissen wir, dass es sogenannte Schlafzyklen gibt, die etwa ein bis zwei Stunden andauern. Da ist zum einen die Einschlafphase, der stabile Schlaf sowie der Tiefschlaf und Traumschlaf oder REM-Schlaf. REM steht für Rapid Eye Movement, ein Schlafstadium, das unter anderem durch schnelle Augenbewegungen gekennzeichnet ist.

Das Gehirn auf Sparflamme

Unser Körper erholt sich während der Tiefschlafphase, das Gehirn arbeitet langsamer und die Erzeugung der Stresshormone läuft auf Sparflamme. Während der unterschiedlichen Schlafstadien tauchen hin und wieder Träume auf, doch meistens träumen wir während der REM-Phase. In dieser Phase ist das Gehirn aktiv – ähnlich wie im wachen Zustand.
Wir brauchen etwa sechs bis neun Stunden Schlaf, je nachdem, wie effektiv der Schlaf ist. Die Schlafqualität hängt vor allem davon ab, wie lange Sie wach gewesen sind. Je länger Sie wach waren, umso tiefer und »schneller« der Schlaf. Entscheidend ist auch, wann Sie am Tag schlafen. Man schläft am leichtesten ein, wenn die innere biologische Uhr auf Nacht gestellt und der Stoffwechsel langsamer geworden ist.

Stress erschwert guten Schlaf

Die meisten haben irgendwann schon mal eine schlaflose Nacht erlebt, weil sie gestresst, aufgeregt oder über etwas besorgt waren. Der Körper ist jedoch so konstruiert, dass er eine schlaflose Nacht automatisch in der nächsten Nacht wieder ausgleichen kann. Aber wenn Sie ständig gestresst sind, kommt der Körper nicht mehr mit – der Stress putscht Sie auf, was zum einen das Einschlafen erschwert und zum anderen die Schlafqualität negativ beeinflusst, wenn Sie dann endlich eingeschlafen sind. Wenn wir nicht gut geschlafen haben, funktionieren wir auf mehreren Ebenen nicht wie sonst.

Den Teufelskreis durchbrechen

Dann ist es natürlich noch schwerer, unsere Arbeit und die alltäglichen Anforderungen zu meistern. Wenn Sie zu wenig schlafen, wird auch das Hunger- und Sättigungszentrum im Gehirn beeinträchtigt, sodass Sie mehr Hunger haben. Außerdem beeinflusst Schlafmangel auch den Blutzuckerspiegel und kann Sie süchtig nach etwas Süßem machen.

Wie empfinden Sie Ihre Schlafqualität momentan? Fühlen Sie sich ausgeruht, wenn Sie aufwachen?
Wie viele Stunden Schlaf brauchen Sie zum Wohlfühlen und zur optimalen Alltagsbewältigung?

TIPPS FÜR EINEN GUTEN SCHLAF

Meine besten Schlafgut-Tipps!

- Bereiten Sie sich vor – kommen Sie etwa zwei Stunden vor dem Schlafengehen zur Ruhe. Erledigen Sie Ihre Arbeiten am Abend so früh wie möglich, sodass Sie sich nicht beeilen müssen. Es kann beruhigend auf Körper und Seele wirken, eine Weile mit einer Tasse Kamillentee dazusitzen oder ein heißes Bad zu nehmen.
- Entschleunigen Sie bereits tagsüber das Tempo. Führen Sie einen regelmäßigeren Rhythmus ein. Vermeiden Sie Stress, wenn möglich.
- Erledigen Sie Probleme vor dem Schlafengehen. Schreiben Sie eine Merkliste für den nächsten Tag, damit Sie nichts vergessen. Dann ist es einfacher abzuschalten.
- Machen Sie Ihr Bett zu einer arbeitsfreien Zone, in Gedanken und in der Realität. Lesen Sie keine Arbeitsunterlagen im Bett.
- Vermeiden Sie Kaffee, Limonade oder Energiegetränke sechs Stunden, bevor Sie ins Bett gehen. Diese Getränke erschweren es dem Körper, zur Ruhe zu kommen. Alkohol kann müde machen und beim Einschlafen helfen, aber der Schlaf ist oberflächlich. Reduzieren Sie die Koffeinmenge tagsüber.
- Essen Sie spätestens drei Stunden vor dem Schlafengehen, damit der Verdauungsprozess im Magen abgeschlossen ist, bevor Sie einschlafen.
- Richten Sie ihr Schlafzimmer dunkel, kühl und ruhig ein. Gönnen Sie sich ein bequemes Bett.
- Halten Sie sich an bestimmte Zeiten – sowohl beim Schlafengehen als auch beim Aufstehen. Wenn Sie täglich zur gleichen Zeit schlafen gehen und aufstehen (plus/minus eine Stunde), helfen Sie Ihrer inneren Uhr. Unser Körper hat einen Tagesrhythmus von 24 Stunden und wir profitieren alle von der täglichen Routine.
- Lenken Sie in Gedanken Ihre Atmung – folgen Sie Ihren Atemzügen den ganzen Weg bis in die Lungen und den ganzen Weg wieder heraus. Atmen Sie so, dass der Bauch sich beim Einatmen hebt.
- Wenn Sie Einschlafprobleme haben, akzeptieren Sie es, anstatt alle fünf Minuten auf die Uhr zu schauen.
- Bewegen Sie sich regelmäßig. Da der Körper Erholungsphasen braucht, ist es dann leichter, müde zu werden und zur Ruhe zu kommen.
- Entspannen Sie sich. Hören Sie ruhige Musik oder eine Meditations-CD. Versuchen Sie, eine Weile mit geschlossenen Augen still zu sitzen, bevor Sie sich hinlegen.
- Wenn Sie wenig geschlafen haben – versuchen Sie trotzdem, sich tagsüber nicht schlafen zu legen, sonst wird es noch schwieriger, einen regelmäßigen Tagesrhythmus zu finden.

WERTVOLLES ESSEN

Unser Körper kann nur qualitativ hochwertige Nahrung richtig aufnehmen. Mit qualitativ hochwertig meine ich ökologisch und regional produzierte, vor allem frische Lebensmittel. Keine Konserven, die monatelang im Regal gestanden haben. Damit unsere Zellen strahlen können, brauchen sie gesunde und wertvolle

Fette, hochwertiges Eiweiß (Protein), langsam verwertbare Kohlenhydrate und eine Menge Antioxidanzien. Lassen Sie Lebensmittel weg, die Ihnen nicht guttun, und bleiben Sie dabei konsequent. Es ist äußerst anstrengend für den Körper, wenn er an einem Tag gesunde Nahrung bekommt und am nächsten Fast Food, Limonade und Süßigkeiten. Achten Sie darauf, was Sie tatsächlich in den Mund stecken. Die Detox-Kur legt den Grundstein für einen neuen Lebensstil, bei dem Sie sich täglich für gesündere Lebensmittel entscheiden müssen. Blitz-Kuren sind dann überflüssig.

Die Verdauung

Alles, was wir essen, wird verdaut. Unser Körper verbraucht etwa 70 Prozent der Energie für die Verdauung, die wichtigste Aufgabe des Magen-Darm-Traktes. Das bedeutet, dass das Essen beim Kneten im Magen-Darm-Trakt zerkleinert wird und dabei verschiedene Verdauungsenzyme helfen, das zerkleinerte Essen vom Magen zum Darm zu transportieren. Wasser, Nährstoffe und Salze aus der Nahrung werden auf dem Weg dorthin aufgenommen. Der Körper scheidet den unverwertbaren Rest wieder aus.

Damit die Verdauung gut funktioniert, müssen die Verdauungsorgane genügend Salzsäure und Verdauungsenzyme produzieren. Die Produktion der Salzsäure wird von emotionalem Stress beeinflusst, da das Verdauungssystem von Nervenimpulsen reguliert wird. Es ist deshalb wichtig, in Ruhe zu essen und gut zu kauen, denn die Verdauung beginnt bereits im Mund. Je länger Sie kauen, umso besser ist es für den Magen.

Für unseren Darm ist es wichtig, dass wir eine ausgeglichene Balance haben an nützlichen Bakterien und wir genügend Ballaststoffe essen, um den Darm in Schwung zu halten. Wir können die Produktion von Salzsäure im Magen fördern, indem wir vor den Mahlzeiten etwas Saures trinken, zum Beispiel Zitronenwasser oder Apfelessig, aber auch Grapefruit, Endivien, Rucola und bittere Kräuter locken die Magensäure.

DIE RICHTIGE BALANCE

Wenn Sie mit diesen Ecksteinen eine einigermaßen gute Balance in Ihr Leben bringen, dann erhöhen Sie Ihre Chancen auf eine gute Gesundheit. Man kann diese Balance mit einem Bankkonto vergleichen: Alles, was Sie tun, um Ihre Energie zu erhöhen, sind Einzahlungen auf das Konto. Und alles, was Sie tun, um Ihre Energie zu verringern, sind Abbuchungen. Ein guter Schlaf, ein sonniger Waldspaziergang und Zeit mit einer geliebten Person zu verbringen sind Beispiele für Einzahlungen, lange Sitzungen vor dem Computer, ungelöste Konflikte, Schlafmangel und Mittagessen im Fast-Food-Restaurant sind dagegen Abhebungen.

Bei den meisten Menschen mit Energiemangel, zum Beispiel mit Burnout-Syndrom, sind die Konten längst geleert. Sie haben außerdem Kredite aufgenommen, ohne sie zurückzahlen zu können. Genau wie beim Bankkonto muss jeder auch mit seiner Energie haushalten, um nicht die Kontrolle darüber zu verlieren. Die Detox-Kur ist eine große Einzahlung auf Ihr Energiekonto!

ERNÄHRUNGS-BASICS

Hochwertige Lebensmittel spenden dem Körper täglich lebensnotwendige Nährstoffe. Dazu gehören Eiweiß (Protein), Fett und Kohlenhydrate, Vitamine und Mineralstoffe. Kein einziges Lebensmittel liefert alle Nährstoffe gleichzeitig in der für den Körper nötigen Menge. Wenn Sie jedoch die Lebensmittel optimal miteinander kombinieren, schaffen Sie eine sehr gute Basis für Ihre Gesundheit.

EIWEISS (PROTEIN)

Eiweiß, auch Protein genannt, ist ein wichtiger Baustein für alle Lebewesen. Im Körper hat Eiweiß als Baustoff viele Aufgaben, denn er braucht Eiweiß für den Zell- und Gewebe-aufbau, also für Muskeln, Organe und Blut.
Aus Eiweiß werden Enzyme, Hormone und Antikörper für die Körperabwehr aufgebaut. Proteine bestehen aus Aminosäuren. Es gibt 20 verschiedene Aminosäuren, davon sind acht unentbehrlich und müssen täglich im Essen sein. Zwölf Aminosäuren sind entbehrlich, weil der Körper sie selbst herstellen kann. Experten unterscheiden zwischen tierischem und pflanzlichem Eiweiß.

Strenge Vegetarier werden oft gefragt, womit sie ihren Eiweißbedarf decken. Die Antwort: Mit Rohkost, die viel Gemüse, Samen, Nüsse, Sprossen und bestimmte Getreidesorten enthält, bekommt der Körper überwiegend pflanzliches Eiweiß, wenn auch in kleinen Mengen.
Wenn Sie Nüsse und Samen einweichen, ist deren Protein leichter verdaulich und kann vom Körper gut verwertet werden. Statt nur darauf zu achten, wie viel Protein wir zu uns nehmen, geht es vor allem aber auch darum, wie viel der Körper überhaupt aufnehmen kann und wie leicht es für ihn ist.

KOHLENHYDRATE

Kohlenhydrate tragen wie Fett zur Energieversorgung des Körpers bei. Bei der Verdauung baut der Körper die Kohlenhydrate, die wir essen, zu Glukose ab. In dieser Form tragen Kohlenhydrate zur Energieversorgung der Zellen bei. Man unterscheidet zwischen langsam und schnell verwertbaren Kohlenhydraten, die eine unterschiedliche Wirkung auf den Blutzuckerspiegel haben. Am günstigsten sind Kohlenhydratlieferanten, die viel Polysaccharide (Mehrfachzucker) enthalten.

Dazu gehören hauptsächlich ballaststoffreiche und stärkehaltige Lebensmittel wie Gemüse, Obst, Vollkorn-Getreideprodukte, Hülsenfrüchte und Kartoffeln. Ballaststoffe helfen dem Darm, unterstützen ein stabiles Energieniveau über den Tag verteilt und verhindern Blutzuckerschwankungen. Wer sich für Rohkost entscheidet, bekommt reichlich langsam verwertbare Kohlenhydrate. Trockenobst und einige süße Früchte liefern schnell verwertbare Kohlenhydrate, diese sollten Sie in kleinen Mengen und bewusst genießen.

FETT

Fett sorgt nicht nur für das gute Aroma im Essen, sondern ist auch lebenswichtiger Nährstoff mit verschiedenen Aufgaben im Körper. So ist Fett ein wichtiger Energielieferant. Nur mithilfe von Fett kann der Körper die fettlöslichen Vitamine A, D, E und K verwerten. Das Fett versorgt uns mit lebenswichtigen Fettsäuren und schützt unsere inneren Organe.

Vermeiden Sie aber ein Übermaß an Fett, vor allem die ungesunden Fette, die den Cholesterinspiegel im Blut erhöhen und langfristig unsere Blutgefäße verstopfen und müde machen. Ungesunde Fette sind zum Beispiel in tierischen Produkten, Milch- und Milchprodukten sowie in frittiertem Essen enthalten. Ungesund sind aber auch sogenannte trans-Fettsäuren, die während der industriellen Verarbeitung von Lebensmitteln entstehen.

Rohkost versorgt uns mit gesunden Fetten. Das sind die ungesättigten Fettsäuren in Nüssen und Samen sowie in hochwertigen Pflanzenfetten. Besonders fettreich sind Avocado und Macadamianüsse. Pflanzenöle, die Sie verwenden, sollten kalt gepresst sein. Empfehlenswert ist, mit Fett zu sparen und pflanzliche Öle und Fette zu verwenden.

VITAMINE UND MINERALSTOFFE

Vitamine und Mineralstoffe sind lebensnotwendig und an vielen Stoffwechselprozessen beteiligt. Der Körper kann sie selber nicht herstellen. Da sie im Körper zusammenwirken, sollten Sie sich so abwechslungsreich wie möglich ernähren. Viele denken bei diesen Vitalstoffen sofort an die unterschiedlichsten Präparate aus der Apotheke und an Lebensmittelergänzungsmittel anstatt an Obst, Gemüse, Samen, Nüsse, Sprossen und andere frische Lebensmittel.

Ihre Aufgaben sind sehr vielfältig. Hauptaufgabe von Vitaminen oder Mineralien ist die Regulation der unterschiedlichen Stoffwechselprozesse. Vitamine beteiligen sich an der Verwertung der aufgenommenen Nährstoffe, am Aufbau von Knochen, Zähnen, Blutkörperchen, Muskel- und Bindegewebe, an der Reizübertragung im Nervensystem und schützen die Zellen vor aggressiven Teilchen (freie Radikale). Mineralstoffe regeln zudem den Wasserhaushalt und aktivieren Enzyme. Kritische und damit oft diskutierte Vitamine und Mineralstoffe bei einer Ernährung mit Rohkost sind:

Vitamin B_{12} (Cobalamin) – ist hauptsächlich in tierischen Produkten enthalten und deshalb der meistdebattierte Nährstoff, wenn es um eine Ernährung mit Rohkost geht. Wie viel Vitamin B_{12} wir brauchen und mit dem Essen aufnehmen sollten, variiert von Mensch zu Mensch.

Die westliche Ernährung hat dazu geführt, dass unsere Fähigkeit, Vitamin B_{12} selbst zu bilden, verloren gegangen ist. Deshalb können nach Rücksprache mit dem Arzt Ergänzungspräparate notwendig sein, vor allem bei einem Mangel an Vitamin B_{12}. Rohköstler finden das Vitamin in Spirulina und Sauerkraut. Außerdem entsteht es beim Keimungsprozess von Sprossen.

Vitamin B_6 (Pyridoxin) – ist an vielen Stoffwechselprozessen beteiligt. Das Vitamin kommt in fast allen Lebensmitteln vor. Es ist in Nüssen, Bananen, Avocados, Kohl, grünen Bohnen, Linsen und Kartoffeln enthalten.

Antioxidanzien

Antioxidanzien scheinen bei der Vorbeugung von chronischen Erkrankungen eine Rolle zu spielen. Sie sind in der Lage, Oxidationsprozesse im Körper zu verhindern, die durch aggressive Sauerstoffverbindungen (freie Radikale) verursacht werden. Diese freien Radikale reagieren leicht mit anderen Verbindungen.

Radikale Sauerstoffverbindungen kommen überall vor, sodass der Körper sie ständig bekämpfen muss. Rauchen, übertriebenes Training, Stress, Medikamente und bearbeitete Lebensmittel erhöhen die Anzahl der freien Radikale. Und Antioxidanzien fangen diese freien Radikale ab und neutralisieren sie.

Zu den Antioxidanzien aus Lebensmitteln gehören die Vitamine A, C, E, Beta-Carotin und sekundäre Pflanzenstoffe (Stoffe, die nur in Pflanzen vorkommen). Beeren sind besonders gesund und enthalten viele Vitamine, Mineralien und Antioxidanzien. Außerdem sind sie basisch, stärken und erneuern das Wachstum unserer Zellen. Beeren mit hohem Gehalt an Antioxidanzien haben einen reinigenden und verjüngenden Effekt auf unseren Körper.

ACE – das sind die Vitamine, die uns mit den meisten Antioxidanzien versorgen und in Früchten sowie Gemüse vorkommen. Je intensiver die Farbe von Obst oder Gemüse, desto mehr Antioxidanzien sind enthalten.

Folsäure – verringert das Risiko von Embryoschäden während der Schwangerschaft. Nüsse, Bananen und grünes Blattgemüse liefern Folsäure.

Eisen – brauchen wir zur Bildung der roten Blutkörperchen. Um Eisen effektiv aufnehmen zu können, brauchen wir Vitamin C. Es steckt unter anderem in getrockneten Aprikosen, Erdbeeren und grünem Blattgemüse.

Kalzium – gilt als Baustein für Zähne und Knochen. Es ist unter anderem in grünem Blattgemüse, Sesamsamen und Nüssen enthalten.

Zink – ist ein Antioxidans und hilft, den Körper zu entgiften. Man spricht ihm auch eine lusterhöhende Wirkung zu. Es kommt vor allem in Kürbiskernen, Sonnenblumenkernen und Petersilie vor.

DIE SÄURE-BASEN-BALANCE

Der Körper ist im Gleichgewicht, wenn er einen bestimmten pH-Wert hat. Optimal ist ein Wert von 7,365. Auf diesen Wert versucht er sich immer wieder einzupendeln – über die Atmung, den Blutkreislauf und bei der Verdauung. Ungesunde Ernährung, Stress, Wut, manche Krankheiten, Medikamente und übertriebener Sport senken den pH-Wert des Körpers und machen ihn sauer. Müdigkeit, Übergewicht, Gliederschmerzen, Ekzeme und Verstopfung können ein Zeichen für eine Übersäuerung sein. Gesunde Ernährung, Freude, positives Denken und ein ausgewogenes Training hingegen erhöhen den pH-Wert. Wenn Sie den Körper mit basischen Lebensmitteln versorgen, dann entlasten Sie ihn.

- Basenbildende Lebensmittel sind: grüne Blätter und Gemüse. Algen, Beeren, Mandeln, Kräuter und Sauerkraut. Eingeweichte Samen und Nüsse sind basischer als nicht eingeweichte. Obst gehört auch dazu, außer Banane und andere sehr süße Früchte.
- Säurebildende Lebensmittel sind: tierische Lebensmittel, Milch und Milchprodukte, Zucker, Tee, Kaffee, Alkohol und Getreide.

Um eine ausgeglichene Säure-Basen-Balance im Körper aufrechtzuhalten, sollten Sie etwa 75 Prozent basisch wirkende Lebensmittel essen.

Zur Kontrolle können Sie sich Teststreifen aus der Apotheke besorgen und selbst testen, wie basisch oder sauer Sie sind. Testen Sie Ihren Speichel und Ihren Urin jeden Morgen, bevor Sie etwas essen, und schreiben Sie die Werte in eine Tabelle. Nach einer Woche haben Sie einen Überblick über Ihren durchschnittlichen pH-Wert. Ändern Sie Ihren Speiseplan je nach Wert und bauen Sie nach Bedarf mehr basische Lebensmittel ein. Zur Unterstützung gibt es spezielle Ergänzungspräparate – besprechen Sie das aber zuvor mit Ihrem Arzt. Ein akzeptabler Normalwert liegt zwischen 7,2 und 7,6.

Sie möchten gleich etwas für Ihren Säure-Basen-Ausgleich tun? Trinken Sie ein Glas Wasser mit Zitronensaft. Oder bereiten Sie sich einen grünen Smoothie mit Sellerie und Gurke zu. Rezepte finden Sie ab Seite 79.

OPTIMALE LEBENSMITTEL-KOMBINATIONEN

Für mehr Energie und ein besseres Wohlbefinden sollten Sie nur Lebensmittel mit gleich langer Verdauungszeit mischen – so die Theorie. Wenn Sie sich daran halten, kann sich dadurch Ihre Nährstoffaufnahme verbessern, beispielsweise bei einem empfindlichen Darm und einem schwachen Verdauungssystem. Manchen Menschen ist das zu kompliziert. Jeder Mensch hat sein individuelles Verdauungssystem, achten Sie deshalb auf Ihre Reaktionen. Ist der Magen ruhig und frei von Blähungen nach der Mahlzeit, dann ist die Kombination richtig.

Hier ein paar Regeln zum Kombinieren:

- Mischen Sie keine kohlenhydrathaltigen (stärkehaltigen) Lebensmittel wie Reis, Pasta oder Kartoffeln mit Protein. Essen Sie einen großen Salat, Nüsse und Samen, wenn Sie tierische Lebensmittel essen. Fett dürfen Sie mit stärkehaltigen Lebensmitteln kombinieren. Grüne Blätter wie Spinat, Rucola, Salat oder Wildkräuter funktionieren in allen Kombinationen.
- Essen Sie Melone separat, da diese nur 15 Minuten zur Verdauung braucht.
- Obst sollten Sie nur auf leeren Magen oder frühestens drei Stunden nach einer Mahlzeit essen. Es hat die kürzeste Verdauungszeit und kann einen unruhigen Magen verursachen, wenn es mit anderen Nährstoffen kombiniert wird.
- Wählen Sie nur eine Fettsorte pro Mahlzeit, entweder Öl, Avocado, Nüsse oder Samen.

Wenn Sie sich unwohl fühlen, testen Sie andere Lebensmittelkombinationen und entdecken Sie, wie sie Ihre Gesundheit fördern können.

WARUM ÖKOLOGISCH HANDELN?

Ökologisches Handeln und Rohkost gehen Hand in Hand. Wer mehr Rohkost isst, möchte »reinere« Lebensmittel zu sich nehmen und Schädlingsbekämpfungsmittel meiden. Die Entscheidung für ökologisch produzierte Produkte trifft man nicht nur für sich selbst, sondern auch für die Landwirtschaft und für den Schutz unserer Erde. Kaufen Sie vorzugsweise ökologisch hergestellte Lebensmittel und ergänzen Sie diese, wenn nötig, mit konventionell angebauten Produkten. Denn so

- halten Sie Ihren Körper rein und frei von vielen Chemikalien und Schädlingsbekämpfungsmitteln;
- müssen Sie nicht befürchten, dass Produkte genmanipuliert sind;
- unterstützen Sie auch die Wiederherstellung von reinem Grund- und Trinkwasser;
- denken Sie auch an kommende Generationen.

Viele Lebensmittel enthalten immer weniger Nährstoffe als früher. Ökologisch angebaute Lebensmittel können mehr Nährstoffe enthalten, je nachdem, in welcher Erde sie angebaut wurden. Schädlingsbekämpfungsmittel töten die Bakterienflora ab und erschweren den wachsenden Pflanzen, Mineralien aufzunehmen. Leider ist auch oft die Erde der ökologisch angebauten Produkte ausgelaugt und der Unterschied des Nährwerts ist dann auch nicht so besonders groß.

Wenn Sie zudem noch Produkte aus der Region kaufen, dann wissen Sie, woher Ihre Lebensmittel kommen, und können sicherer sein, dass sie unter guten Bedingungen angebaut wurden. Wählen Sie so oft wie möglich ökologisch produzierte Lebensmittel!

SAISONKALENDER FÜR GEMÜSE UND OBST

Die meisten Sorten gibt es mittlerweile rund ums Jahr. Wer sich aber saisonal mit frischem Gemüse und Obst versorgen möchte, erfährt hier auf einen Blick, was wann Saison hat.

GEMÜSE	JAN.	FEBR.	MÄRZ	APRIL	MAI	JUNI	JULI	AUG.	SEPT.	OKT.	NOV.	DEZ.
Blumenkohl			●	●	●	●	●	●	●	●	●	
Brokkoli						●	●	●	●	●		
Feldsalat	●	●								●	●	●
Gurken						●	●	●	●	●		
Knollensellerie	●	●	●						●	●	●	●
Kohlrabi					●	●	●	●	●	●		
Kürbis								●	●	●	●	●
Lauch	●	●	●			●	●	●	●	●	●	●
Möhren	●	●	●	●	●	●	●	●	●	●	●	●
Paprikaschoten						●	●	●	●	●	●	
Pastinaken								●	●	●	●	
Rote Bete	●	●	●						●	●	●	●
Rotkohl	●	●	●						●	●	●	●
Rucola	●	●	●	●	●	●	●	●	●	●	●	●
Spinat			●	●	●	●			●	●		
Staudensellerie	●	●	●				●	●	●	●	●	●
Tomaten				●	●	●	●	●	●	●	●	
Weißkohl	●				●	●			●	●	●	●
Zucchini						●	●	●	●	●	●	
OBST												
Äpfel	●	●	●	●	●			●	●	●	●	●
Aprikosen						●	●	●				
Avocados	●	●	●	●		●	●	●				
Bananen	●	●	●	●	●	●	●	●	●	●	●	●
Birnen								●	●	●	●	
Brombeeren								●	●			
Erdbeeren					●	●	●					
Feigen									●	●		
Granatapfel			●	●	●	●	●	●	●	●	●	●
Grapefruits	●	●	●									●
Heidelbeeren							●	●				
Himbeeren						●	●	●	●			
Johannisbeeren						●	●	●				
Kiwis						●	●	●	●			
Mangos	●	●			●	●						●
Nektarinen							●	●				
Pfirsiche						●	●	●	●	●		
Wassermelonen					●	●	●	●	●			
Weintrauben							●	●	●	●	●	
Zwetschgen							●	●	●	●		

Quelle: Eurotoques-Stiftung

EIN GANZES LEBEN LANG

Das Essen ist nur ein Teil Ihrer Detox-Kur. Auch andere Faktoren in Ihrem täglichen Leben, wie Freunde, Fernsehen, Nachrichten, Klatschzeitungen und Internetnutzung, beeinflussen Ihre mentale und körperliche Gesundheit mehr, als Sie vermuten. Sie entscheiden selbst, in welchem Ausmaß Sie sich von innen reinigen wollen. Überlegen Sie, wovon Sie sich frei machen möchten. Vielleicht surfen Sie weniger im Internet? Oder Sie sortieren Ihre Garderobe aus? Und: Warum nicht jeden Abend eine Stunde früher ins Bett gehen und mal spüren, wie sich das anfühlt? Überlegen Sie, was Ihnen Harmonie schenkt im Leben und wie Sie das in Ihren Alltag einbauen können. Mit einer Detox-Kur stellen Sie die Kommunikation zwischen Ihrem Körper und Ihrer Seele wieder her.

WIR SIND WIE UNSERE GEDANKEN

Buddha hat gesagt, dass wir unsere Gedanken sind. Auch wenn wir supergesunde Nahrung zu uns nehmen, können uns negative Gedanken manchmal herunterziehen. Aber ich habe bemerkt, dass der Schritt von schwerer, schwer verdaulicher Kost und schweren, schwer verdaulichen Gedanken oft sehr klein ist. Lebensmittel, die uns träge und unbeweglich machen, lassen uns weniger Energie für positive Gedanken übrig und rauben uns somit auch die Möglichkeit, unsere Träume und Ziele zu verfolgen. Essen soll Freude bereiten und ein Teil des Guten im Leben sein!

Beobachten Sie, welche Gedanken Sie lenken und wie diese Sie beeinflussen. Sie können Ihre Gedanken jederzeit ändern, indem Sie sie aus verschiedenen Perspektiven beleuchten. Denken Sie an ein Ereignis und betrachten Sie es mal aus der einen, mal aus der anderen Sichtweise. Sie werden erkennen, dass Sie es nicht ungeschehen machen können. Sie können aber überlegen, wie Sie es in Zukunft anders machen können. Grübeln Sie viel über die Zukunft? Sich vor etwas Unbekanntem zu ängstigen ist Zeitverschwendung. Sie wissen nicht, was in Zukunft geschehen wird. Lassen Sie Ihre Erwartungen los und stellen Sie sich vor, was Sie sich wünschen, und freuen Sie sich darauf. Seien Sie aber nicht enttäuscht, wenn es nicht so wird, wie Sie es sich vorgestellt haben. Vielleicht wird das Unbekannte oder Neue sogar besser!

Oft begrenzen wir uns selbst in unseren Gedanken. Erweitern Sie Ihre Gedanken und versuchen Sie, in neuen Bahnen zu denken. Während der Detox-Kur werden Sie schnell bemerken, wie sich Ihr Denken verändert. Wenn wir unseren Körper reinigen, befreien wir uns auch gleichzeitig von Gedanken, die wir nicht mehr brauchen oder die uns sogar schwächen.

!

Wir denken ca. 60 000 Gedanken am Tag. 95 Prozent davon sind die gleichen Gedanken wie die von gestern. Überlegen Sie sich ein oder mehrere Ziele. Deutlich formulierte Ziele geben Ihrem Leben Sinn und Inspiration, wenn Sie morgens aufwachen.
Was tun Sie oder würden Sie gerne tun in Ihrer Freizeit?
Und wie oft erlauben Sie sich, das auch tatsächlich zu tun?
Haben Sie jeden Tag etwas unverplante Zeit übrig?

BEWEGEN SIE SICH!

Unsere Kondition zeigt uns, welche Fähigkeit unser Körper hat, die arbeitenden Zellen mit Sauerstoff zu versorgen. Wenn wir trainieren, belasten wir das System für den Sauerstofftransport, das heißt Lungen, Blut, Herz, Kreislauf und Muskelzellen. Regelmäßiges Konditionstraining stärkt das Herz, den fein verzweigten Blutkreislauf und erhöht die Anzahl der Verbrennungsenzyme in den Muskelzellen.

Das Allerwichtigste ist, dass Sie sich regelmäßig bewegen und dabei das Niveau Ihren Wünschen und Fähigkeiten anpassen. Der Körper braucht den ganzen Tag über Bewegung. Nutzen Sie jede Gelegenheit dafür, sei es, dass Sie die Treppe nehmen anstelle des Fahrstuhls, zu Fuß gehen oder mit dem Fahrrad fahren anstatt mit dem Bus oder Auto. Bewegen Sie sich lieber jeden Tag, als zweimal die Woche intensiv. Unser Körper ist nicht zum Stillsitzen geeignet. Es gibt viele Möglichkeiten, Bewegung in den Alltag zu integrieren: Wählen Sie zur Erholung das, was Ihnen Spaß macht! Und denken Sie daran: Überanstrengung macht den Körper sauer. Finden Sie Ihr eigenes Tempo und Ihren Rhythmus. Vertrauen Sie Ihrem Körper, er ist für die regelmäßige Bewegung geschaffen.

Nehmen Sie während und nach der Detox-Kur wahr, wie viel Energie Sie haben, und passen Sie Ihr Training regelmäßig an. Machen Sie jeden Tag einen Spaziergang in einem flotten Tempo von 30–60 Minuten, damit helfen Sie dem Körper, Schlacken auszuscheiden. Überlegen Sie sich: Welche Bewegungsart bevorzugen Sie? In welchem Umfeld trainieren Sie gerne? Laufen, Pilates oder vielleicht Yoga? Erhöht Bewegung Ihre Lebenskraft oder raubt sie Ihnen Energie?

REINE HAUT

Die Haut ist unser größtes Reinigungsorgan. Viele Hautpflegeprodukte sind voller unnatürlicher Inhaltstoffe, welche die Haut verstopfen und in unsere Blutbahn gelangen. Ihre Haut nimmt alles auf, was in diesen Pflegemitteln enthalten ist. Wenn Sie neue Produkte einkaufen, fragen Sie sich: »Würde ich das essen?« Wählen Sie Produkte mit natürlichen Ingredienzen. Wenn Sie bewusster essen, möchten Sie auch automatisch genauer wissen, was Ihr Spiegelschrank eigentlich enthält. Wahrscheinlich entfernen Sie dann auch Kosmetika, die Ihnen unpassend erscheinen.
Das Wohlbefinden Ihrer Haut fängt im Körper an. Falls Sie Hautprobleme haben, können sich diese als Reaktion am Anfang der Detox-Kur verschlimmern und dann allmählich verbessern. Das hängt ganz einfach mit dem Reinigungsprozess des Körpers zusammen. Je reiner Sie werden, umso weicher wird Ihre Haut!

Hautpflegeprodukte selbst machen

Hier bekommen Sie einige Tipps für Hautpflegeprodukte, die Sie zu Hause mit Zutaten aus dem Vorrat ganz leicht selber herstellen können.

1 Körperpeeling
Für 1–2 Anwendungen: ca. 60 g Rohrzucker | abgeriebene Schale von 2 Bio-Zitronen | 200 ml Mandelöl

Mischen Sie die Zutaten in einem Glas mit Deckel. Reiben Sie Ihre Haut damit ein, sie wird weich und geschmeidig. Dann das Peeling abwaschen.

2 Körperöl
Für ca. 10 Ganzkörperanwendungen: 100 ml Hanföl | 10 Tropfen ätherisches Lavendelöl

Mischen Sie die Zutaten in einem Sprühbehälter und verwenden Sie es nach dem Duschen.

3 Gesichtswasser
Kaufen Sie echtes Rosenwasser in der Apotheke und gießen Sie es in einen Sprühbehälter. Es ist perfekt zum Frischmachen an warmen Sommertagen oder während einer Flugreise. Das Gesichtswasser kann auch im Kühlschrank aufbewahrt werden und hält sich etwa einen Monat.

4 Gesichtsmaske mit Papaya und Honig
Für 1 Anwendung: ¼ große Papaya | 1 EL Honig

Die Papaya schälen, entkernen und in kleine Stückchen teilen. Die Papayastückchen mit einer Gabel zerdrücken. Den Honig dazugeben und gut unterrühren. Die Maske auf dem Gesicht verteilen. Lassen Sie die Maske auf dem Gesicht etwa 10 Minuten einwirken. Spülen Sie die Maske anschließend mit lauwarmem Wasser ab.

5 Gesichtsmaske mit Joghurt
Für 1 Anwendung: ½ Avocado | 50 g Joghurt

Die Avocado schälen, entsteinen und mit einer Gabel zerdrücken. Dann in einer Schale mit dem Joghurt vermischen. Lassen Sie die Maske auf dem Gesicht etwa 10 Minuten einwirken. Spülen Sie die Maske anschließend mit reichlich warmem Wasser ab.

6 Wohltuende Haarpackung mit Avocado
Für 1 Anwendung: 1 Banane | 1 Avocado | 1 TL Olivenöl | einige Tropfen ätherisches Lavendelöl

Banane und Avocado schälen, die Avocado entsteinen. Beides mit Oliven- und Lavendelöl mit einer Gabel zerdrücken. Das Haar waschen und mit einem Handtuch abtrocknen. Die Packung nur auf den Haaren verteilen, nicht auf der Kopfhaut. Dann den Kopf mit einem warmen Handtuch umwickeln. Lassen Sie die Packung etwa 15 Minuten einwirken. Spülen Sie Ihr Haar anschließend sorgfältig aus.

ARBEIT UND FREIZEIT

Die Arbeit nimmt einen großen Teil unserer wachen Zeit in Anspruch, deshalb möchten wir natürlich einen interessanten Arbeitsplatz haben. Es kann sein, dass Sie Ihre Arbeit nicht befriedigt, dafür aber das, was Sie in der Freizeit tun. Das Beste wäre, wenn man beides hat – eine interessante Aufgabe und eine anregende Freizeit. Überlegen Sie sich, was Sie an Ihrem Arbeitsplatz interessant finden und ob Sie etwas am Arbeitsplatz verändern möchten und können, damit Sie zufrieden sind. Oder suchen Sie sich eine andere Arbeit. Gefällt Ihnen Ihr Aufgabengebiet? Fühlen Sie sich wohl mit Ihren Kollegen? Brennen Sie für Ihre Arbeit oder kommen Sie nur für das Gehalt durch den Tag oder weil Sie es nicht für möglich halten, Ihre Träume verwirklichen zu können? Mit welchem Gefühl gehen Sie morgens zur Arbeit? Ändern Sie etwas, wenn Ihre Antworten nicht positiv ausfallen. Denn nur was uns Spaß macht, erledigen wir gut und ohne Anstrengung.

Gestalten Sie Ihre Freizeit mit sinnvollen Beschäftigungen, die Ihnen Freude bereiten und Sie beruhigen. Verzichten Sie eine Woche lang auf Fernsehen sowie Surfen im Internet nach der Arbeit und entdecken Sie andere spannende Aktivitäten, zum Beispiel: Lesen Sie ein Buch (nicht auf dem iPad). Ziehen Sie Sprossen selbst. Malen Sie. Meditieren Sie oder machen Sie Yoga. Tun Sie etwas Neues, das Sie noch nie getan haben und immer mal ausprobieren wollten.

DER EINFLUSS DER NATUR

Dass wir im Winter müde sind, ist nicht verwunderlich. Wir sollen genauso viel leisten wie sonst auch, obwohl die Natur auf Ausruhen und Erholen eingestellt ist. Im Sommer dagegen gönnen wir uns Ruhe und faulenzen, obgleich wir in dieser Zeit die meiste Energie von der Sonne bekommen. Sich auf den Rhythmus der Jahreszeiten einzustellen ist ein einfacher Weg, um unsere natürliche Balance zu finden. Wenn wir uns jeden Tag Zeit nehmen, uns mindestens eine halbe Stunde in der Natur oder in einem Park aufzuhalten – in der dunklen Jahreszeit am besten mitten am Tag –, dann nehmen wir die Veränderungen in der Natur wahr und können uns besser an ihren Rhythmus anpassen.

Dasselbe gilt auch für unser Gewicht. Es ist nicht erstaunlich, dass wir im Winter etwas mehr Unterhautfett haben. Der Körper muss sich gegen die Kälte schützen und legt einige Extrakilos an. Demnach ist der Frühling eine gute Zeit, sich wieder davon zu befreien. Im Sommer füllen wir unsere leeren Sonnenlichtreserven mit Vitamin D auf, wir haben mehr Energie und das Leben fühlt sich meistens leichter an. Viele von uns haben vielleicht gerade im Sommerurlaub endlich die Zeit, ihren Lebensstil zu verändern. Im Herbst bereitet sich unser Körper auf die kommende dunklere Zeit vor und da fallen wir gerne wieder in alte Gewohnheiten zurück. Nutzen Sie die Gelegenheit, um neue Gewohnheiten einzuführen oder langfristig zu festigen.

Ganzheitlich betrachtet sind wir dafür bestimmt, dem Rhythmus der Natur zu folgen. Deshalb empfiehlt man in natürlichen Ernährungslehren eine Detox-Kur um die Herbst- und Frühjahrswende. Auf diese Weise helfen wir dem Körper, sich auf den Wechsel der Jahreszeiten einzupendeln. Aber das soll Sie natürlich nicht daran hindern, eine Detox-Kur zu einem anderen, passenderen Zeitpunkt im Jahr durchzuführen.

GUTE BEZIEHUNGEN

Die Person, mit der Sie ein Leben lang eine Beziehung haben werden, sind Sie selbst. Das ist Ihre längste und wichtigste Beziehung, die gleichzeitig auch grundlegend ist für alle anderen Beziehungen in Ihrem Leben. Wenn Sie anfangen, in sich hineinzulauschen, und entdecken, was gut für Sie ist und was Sie zu einem fröhlicheren Menschen macht, dann färbt das auch auf Ihre anderen Beziehungen ab. Lieben, verzeihen und vergessen ist wichtig für eine Beziehung mit sich selbst und mit anderen. Das ist der Schlüssel zur bedingungslosen Liebe, zu sich selbst, zu anderen Menschen und zum Leben. Betrachten Sie Ihre Detox-Kur als eine Chance, alles zu beseitigen, was Sie nicht mehr brauchen: Gedanken, die Sie nicht weiterführen, und vielleicht ist es auch Zeit, im Bekanntenkreis auszusortieren? Fragen Sie sich mal, welche Menschen positiv für Sie sind!

KREATIVITÄT STEIGERN

»The Future belongs to the openminded«, sagte einst Tony Blair, die Zukunft gehört den offenen Menschen. Kreativität und Offenheit machen uns tatkräftiger und erhöhen unser Wohlbefinden.

Nach welchen körperlichen Aktivitäten fühlen Sie sich freimütig, stark oder kreativ? Nach welchen Begegnungen fühlen Sie sich kleiner, schwächer, frustriert oder verärgert? Haben Sie das Gefühl, von Ihrer Familie und Ihren Freunden respektiert zu werden?

Während Ihrer Detox-Kur räumen Sie auch im Gehirn auf, gehen neue Wege und ändern Gewohnheiten. In einer Welt voller großer Veränderungen brauchen wir auch neue Gedanken für neue Ideen. Um auf diese neuen Gedanken und Ideen zu kommen, müssen wir auch Veränderungen in unser Leben einziehen lassen. Nur so können wir uns zu der Person entwickeln, die wir gerne sein möchten, und so leben, wie wir uns das wünschen.
Je kreativer wir sind, desto leichter finden wir Lösungen für Veränderungen. Kreativität ist eine Art Zustand, in dem Sie sich ganz im Hier und Jetzt befinden und in dem die Türen zum Gehirn und zu allen Sinnen offen stehen. Während wir kreativ sind, herrscht Lust, Freude, Spiel und freies Assoziieren. Etwas, wovon wir mehr brauchen in unserem eingeschränkten Alltag. Unser Alltag sollte uns viel mehr Spielraum für Kreativität und Innovation lassen. Dabei hilft Ihnen eine Detox-Kur. Wir verändern während der Kur Gewohnheiten, durchbrechen die Routine und werden offener, spontaner und

kreativer. Detoxen ist wie ein Sprung aus der Komfortzone – Sie steigern damit Ihre Kreativität! Wir haben alle die freie Wahl, in Freude oder Groll zu leben. Was wählen Sie? Die Situation kann sich vielleicht nicht ändern, aber was sich ändern kann, ist unsere Art, auf diese Situation an sich zu reagieren. Wenn Sie sich aktiv entscheiden, wie Sie in Ihrem Leben reagieren wollen, schaffen Sie die Voraussetzung für ein glückliches Leben. Um Frieden auf Erden erlangen zu können, müssen wir bei uns selbst anfangen. Wenn Sie aktiv eine Detox-Kur wählen, die für mehr Energie sorgt, haben Sie den Mechanismus zum Handeln in sich aktiviert und können auch auf anderen Ebenen anders reagieren als zuvor.

So steigern Sie Ihre Kreativität

- Neue Stimulanzien: Nehmen Sie andere Dinge in Ihr Leben auf, probieren Sie Neues aus, gehen Sie einen neuen Weg.
- Zeitraum: Geben Sie sich Zeit zum Reflektieren und Innehalten. Seien Sie gegenwärtig im Augenblick.
- Lassen Sie Ihren Gedanken freien Lauf. Bewegen Sie sich, gehen Sie spazieren, lüften Sie Ihr Gehirn, damit Sie freier assoziieren können.
- Seien Sie mal ganz unkonventionell. Denn Humor und Kreativität sind Nachbarn. Lassen Sie sich gehen, spielen Sie!
- Seien Sie neugierig! Neugierig sein ist eine Eigenschaft, die man üben kann. Sehen Sie die Welt mit offenen Augen.
- Seien Sie mutig! Trauen Sie sich, anders zu denken und zu handeln als bisher.
- Kaufen Sie ausschließlich ökologisch hergestellte Produkte ein und werden Sie kreativ beim Zubereiten Ihrer Mahlzeiten.

INVESTIEREN SIE 7 TAGE IHRES LEBENS

Für jeden Tag ein Tipp!

Montag: Machen Sie Atemübungen (siehe Seite 27).
Dienstag: Stellen Sie Ihre eigene Gesichtsmaske her (siehe Seite 40).
Mittwoch: Machen Sie einen einstündigen Spaziergang im Park oder Wald – allein, in vollkommener Stille, ohne Handy. Beobachten Sie, was in Ihnen und um Sie herum geschieht.
Donnerstag: Gehen Sie eine Stunde früher zu Bett als gewöhnlich, entspannen Sie sich mit ruhiger Musik, einer warmen Dusche oder einer duftenden natürlichen Körperlotion.
Freitag: Informieren Sie sich über das Angebot von ökologisch produziertem Obst und Gemüse. Kaufen Sie etwas Neues, das Sie noch nie getestet haben.
Samstag: Rufen Sie eine Freundin/einen Freund an, die/den Sie schon lange einmal anrufen wollten, und laden Sie zum Rohkost-Dessert ein.
Sonntag: Kaufen Sie sich ein Notizbuch und nehmen Sie sich 30 Minuten Zeit, um Ihre Erfahrungen mit der Detox-Kur aufzuschreiben. Notieren Sie, was Sie hinterher in den Alltag einbauen möchten. Nennen Sie fünf einfache Gründe für Ihren neuen Lebensstil und was Sie tun können, um gesund und munter zu sein. Zum Beispiel: »Ich möchte eine fröhliche Mutter sein. Um das sein zu können, brauche ich genug Schlaf, muss ich alle drei Stunden essen und auf Fast Food verzichten.« Lesen Sie Ihre Beweggründe jeden Tag durch – am besten gleich drei Wochen lang.

DAS DETOX-PROGRAMM

ZUM START EIN PAAR PRAKTISCHE TIPPS FÜR EIN GUTES GELINGEN (WEITERE TIPPS AB SEITE 54). WICHTIG! LESEN SIE DAS GANZE BUCH UND ALLE HINWEISE ZUR VORBEREITUNG AUF IHRE DETOX-KUR AUFMERKSAM DURCH, BEVOR SIE IHRE KUR BEGINNEN UND LEGEN SIE AUCH FEST, WIE SIE HINTERHER WEITERMACHEN MÖCHTEN.

FÜR SIEBEN TAGE

ACHTUNG, FERTIG, LOS!

Je besser Sie sich vorbereiten, umso einfacher ist es für Sie, die Detox-Kur in Ihren Alltag zu integrieren. Machen Sie sich auch Gedanken darüber, wie es nach der Detox-Kur weitergehen soll. Mit den folgenden Anregungen und Tipps sind Sie auf der sicheren Seite.

- Wollen Sie mehr detoxen? Bereiten Sie gleich die doppelte oder dreifache Menge von den Vormittags-Smoothies zu und ersetzen Sie die Morgenmahlzeit und die beiden Zwischenmahlzeiten durch einen Smoothie. So erlangen Sie ganz einfach eine effektive innere Reinigung.
- Vereinfachen Sie das Detoxen und essen Sie mehrere Tage nacheinander morgens, mittags und/oder zu den Zwischenmahlzeiten das Gleiche. Heben Sie die Rezepte, die Sie während der Detox-Kur nicht ausprobiert haben, auf und verwenden Sie sie danach.
- Bereiten Sie die Morgen- und Zwischenmahlzeiten am Abend zuvor vor und den Vormittags-Smoothie morgens am selben Tag, das ist das Beste für die Haltbarkeit. Ein Smoothie hält sich in einer Flasche etwa einen Tag im Kühlschrank.
- Sie sollen nie hungern! Variieren Sie die Portionsgrößen so, dass Sie satt werden, aber denken Sie dabei an den Unterschied zwischen Hunger und Gelüsten (siehe Seite 18). Wenn im Rezept beispielsweise zehn Snackbällchen stehen, dann müssen Sie nicht alle aufessen, sondern nur so viele, bis Sie satt sind.
- Passen Sie die Größe der Portionen Ihrer Körpergröße und Ihren Bedürfnissen an, das heißt bis Sie sich behaglich und satt fühlen. Wer groß ist und einen kräftigen Körperbau hat, braucht mehr Nahrung als kleine und zierliche Menschen. Auch sehr aktive Menschen brauchen mehr als jene, die bei der Arbeit und in der Freizeit viel sitzen.
- Wählen Sie die richtige Jahreszeit zum Detoxen – Frühling und Herbst

sind die besten Zeiten; aber auch der Sommerurlaub ist gut geeignet.

- Beginnen Sie mit Ihrer Detox-Kur an einem Freitag oder Samstag. Dann sind Sie an den ersten Tagen frei, können sich ausruhen und Ihre Mahlzeiten vorbereiten sowie sich mental auf die Woche einstellen. Unser Programm dauert allerdings von Montag bis Sonntag.
- Kombinieren Sie Ihren Salat mit Ihrem Lieblingsgemüse, wenn Sie dem Rezeptvorschlag für den jeweiligen Tag nicht folgen möchten. Träufeln Sie etwas Olivenöl und frisch gepressten Zitronensaft darüber und toppen das Ganze mit Samen (siehe Seite 49).
- Machen Sie eine Einkaufsliste und besorgen Sie alle rohen Produkte auf Vorrat. Kaufen Sie auch jene Lebensmittel ein, die es nicht im Supermarkt um die Ecke gibt, sondern in einem Spezialgeschäft oder im Internet.
- Legen Sie für alle Fälle einen Vorrat an. Bereiten Sie Snackbällchen und andere Gerichte zu, die sich im Kühl- oder Tiefkühlfach aufbewahren lassen. Dann haben Sie immer etwas zur Hand, wenn Sie Hunger haben oder eine Zwischenmahlzeit brauchen.

BEWUSST EINKAUFEN

Kaufen Sie am besten hier ein:

- Im Hofladen
- Auf dem Bauernmarkt
- Im Bioladen
- Im Supermarkt mit einem Regal für Bioprodukte

Sie können sich für unterschiedliche Entgiftungsmaßnahmen entscheiden, je nachdem, ob Sie bereits Detox-Erfahrung haben oder etwas intensiver entgiften wollen. Auch wenn Sie sich für eine Variante entschieden haben, können Sie während der Kur mehr essen oder mehr Smoothies trinken, je nachdem, wie Sie sich fühlen. Wenn Sie mehr Smoothies trinken, vor allem grüne, erleichtert das die Verdauung und Ihr Körper hat mehr Energie für den Entgiftungsprozess.

Beachten Sie: Wenn Sie mehr Smoothies trinken, dann können gleichzeitig die Entgiftungssymptome (siehe Seite 13) stärker werden. Sollten Sie trotzdem weitermachen, essen Sie im Gegenzug etwas mehr.

ENTGIFTEN SIE MEHR!

Entgiften Sie am besten auf verschiedenen Ebenen, um effektiver zu sein:

1. Detoxen Sie laut Programm.
2. Trinken Sie bis mittags ausschließlich Smoothies.
3. Trinken Sie bis einschließlich der Nachmittagsmahlzeit nur Smoothies.
4. Trinken Sie eine ganze Woche ausschließlich Smoothies.

HILFREICHE KÜCHENGERÄTE

Neben den frischen Zutaten benötigen Sie vielleicht für die Zubereitung der Gerichte noch ein paar Küchenhelfer. Prüfen Sie Ihren Bestand und entscheiden Sie, was Sie sich zusätzlich anschaffen möchten. Hier ein kurzer Überblick an nützlichen Küchenutensilien:

- Ein Schneidebrett, am besten aus Holz.
- Ein gutes Messer.
- Eine Küchenmaschine für die Zubereitung von Tarteböden, Nuss- und Samenmassen.
- Für kleinere Mengen ein Handrührgerät mit Aufsatz zum Pürieren.
- Ein Standmixer für Smoothies, Dressings und Saucen. Sie können auch einen Stabmixer nehmen, aber im Standmixer werden Smoothies und Saucen cremiger. In den Rezepten steht »mixen«, wenn Sie den Standmixer verwenden sollen.
- Ein Nussmilchbeutel aus der Drogerie oder ein feines Sieb zur Herstellung von Nussmilch. Mit etwas Übung dauert die Zubereitung einer Nussmilch etwa fünf Minuten, die ersten Male wird es allerdings etwas länger dauern.
- Eine einfache Zitruspresse für frisch gepressten Zitronen-, Limetten- oder Orangensaft.
- Einen Spiralizer für die Zubereitung von »Nudeln« oder Gemüsestreifen.
- Einen Käsehobel und einen Gemüseschäler für die Zubereitung von Lasagneplatten und Pasta.
- Eine Saftzentrifuge zum Pressen von Möhren, Rote Beten und Äpfeln. Diese Pressen gibt es in verschiedenen Ausführungen und Preisklassen. Wählen Sie das, was am besten zu Ihnen passt.
- Einen Trockenofen (Dehydrator oder Dörrapparat), eine Art »Rohkost-Ofen«. Wenn Sie wollen, können Sie damit Ihr Essen »kochen«, während Sie arbeiten, oder über Nacht Brot backen. Im Kapitel Bonusrezepte (siehe Seite 124) finden Sie Vorschläge für Gerichte, die im Trockenofen zubereitet werden.

DIE ZUTATENLISTE

Gemüse

Grüne Blätter und Gemüse sind die Basis für Rohkost. Nehmen Sie, was die Saison gerade zu bieten hat. Während der Winterzeit variieren Sie mit Wurzelgemüse, das lässt sich äußerst gut roh verwenden. Seien Sie kreativ. Machen Sie mithilfe eines Spiralizers Nudeln daraus, geben Sie es in Streifen zu Couscous oder hobeln Sie es in dünne Scheiben. Die beste Nahrung während Ihrer Detox-Kur sind grüne Blätter – als Salat, in Smoothies oder als Saft.

Obst und Beeren

Herrliche und saftige Früchte enthalten eine Menge Vitamine und Mineralstoffe (siehe Seite 33) und stärken das Immunsystem. Variieren Sie so oft wie möglich und orientieren Sie sich am Angebot der jeweiligen Jahreszeit. Meiden Sie weitgehend importierte Früchte, wobei Sie sich natürlich auch mal etwas Luxus gönnen und eine Mango oder Papaya genießen dürfen. Der Körper braucht die Nährstoffe aus Obst und Beeren, um die freigesetzten Abfallprodukte nach außen zu befördern. Beeren sind reich an Antioxidanzien und enthalten weniger Fruchtzucker als andere Früchte, belasten also den Blutzucker nicht so stark. Beeren sollten Sie im-

mer im Tiefkühlfach haben und bei Bedarf für ein Frühstück oder eine Nachspeise auftauen.

Zitronen und Limetten

In vielen Rezepten werden Zitronen und Limetten verwendet. Sie unterstreichen den Geschmack und geben Gerichten einen besonders frischen Touch. Beide Zitrusfrüchte haben außerdem auch eine basische Wirkung im Körper, sie sind also lecker und gesund. Die abgeriebene Schale von Zitrusfrüchten sorgt für einen köstlichen Geschmack – probieren Sie es mal in Ihren Nachspeisen aus. Verwenden Sie Bio-Zitronen oder Bio-Limetten. Die Früchte vor dem Abreiben heiß waschen und abtrocknen. Trinken Sie Zitronenwasser, wenn Sie Lust auf etwas Süßes haben, es schenkt Ihnen einen klaren Kopf!

! Frisches Obst, Gemüse und Beeren müssen vor ihrer Verwendung immer gut abgewaschen werden. Wie gründlich Sie dabei sein müssen, hängt davon ab, ob Sie importiertes Obst und Gemüse eingekauft oder Beeren im eigenen Garten gepflückt haben. Manche empfehlen auch, Trockenfrüchte, Nüsse und Samen gründlich abzuwaschen.

Nüsse und Samen

Genießen Sie Walnusskerne, Pekannüsse, Pistazienkerne, Haselnusskerne, Paranüsse, Macadamianüsse. Die im Handel erhältlichen Cashewnüsse sind meistens geschält, wenn sie nicht mit »roh« gekennzeichnet sind. Sie haben eine harte Schale, die man im Dampf aufweicht, wobei die Nüsse also erhitzt werden. Rohe Nüsse werden mit der Hand geknackt. Dass Cashewnüsse in der Rohkost verwendet werden, obwohl sie erhitzt worden und nicht mehr roh sind, liegt an ihrem guten Geschmack und ihrer

Beschaffenheit. Deshalb verwendet man sie auch als Ersatz für Sahne, Butter und Joghurt.

Mandeln sind Steinfrüchte, werden aber in der Regel als Nüsse bezeichnet, da sie wie Nüsse verwendet werden. Man kann sie auch einweichen und dann schälen, das macht sie noch wertvoller. Eingeweicht sind Mandeln und Nüsse leichter verdaulich und die Mandelmilch daraus ist schön weiß.

Nüsse sind reich an gesunden Fetten, die unser Denkvermögen erhöhen und alle Funktionen im Körper optimieren. Möchten Sie abnehmen? Dann essen Sie viel Nüsse oder Samen, jedoch höchstens 65 Gramm pro Tag. Wenn Sie allergisch auf Nüsse sind, tauschen Sie diese gegen verschiedene Samen oder Kokosflocken aus, die zwar von der Kokosnuss stammen, aber dennoch meistens verträglich sind.

Kürbissamen und Sonnenblumensamen werden oft Kürbiskerne und Sonnenblumenkerne genannt, da wir eigentlich den inneren Kern im Samen verwenden. Dennoch zählen sie zusammen mit Leinsamen, Psyllium, Chiasamen, Hanfsamen und Sesamsamen zu den Samen.

! Die Maßangaben in den Rezepten für Nüsse, Samen und Trockenobst gelten für trockene Mengen. Denn eingeweicht wird das Volumen größer. Denken Sie daran, genügend Wasser zu trinken, wenn Sie nicht eingeweichte Nüsse und Samen essen.

Samen sind preiswerter als Nüsse und enthalten nicht so viel Fett wie diese. Wenn man sie einweicht, können sie zudem auch keimen und als Sprossen verwendet werden.

Buchweizen

Buchweizen ist einer meiner Favoriten unter den Getreidesorten! Er ist glutenfrei, enthält alle essenziellen Aminosäuren und hat einen niedrigen glykämischen Index (ein Maß dafür, wie stark verschiedene Lebensmittel den Blutzucker beeinflussen). In den Rezepten wird er ganz und geschält verwendet, eingeweicht und in gekeimter Form. Außerdem macht Buchweizen lange satt, denn Sie sollen während Ihrer Detox-Kur nicht hungern – das könnte leicht zu Rückschlägen in alte Essgewohnheiten führen. Buchweizen gibt es in verschiedenen Formen, grob gemahlen als Mehl und Flocken, allerdings selten roh.

Trockenobst

Rosinen, Aprikosen, Feigen, Moosbeeren und Datteln – hier ist die Auswahl groß. Ich verwende am häufigsten frische Datteln. Man muss sie zuvor nicht unbedingt einweichen, sondern nur ihren Kern entfernen. Doch wer möchte, kann das Trockenobst vor dem Verwenden in Wasser einweichen und einige Tage im Kühlschrank aufbewahren, mehr dazu auf Seite 54.
Trockenobst hat eine natürliche Süßkraft und in Kombination mit den darin enthaltenen Vitaminen und Mineralien beeinflusst der natürliche Zucker den Körper nicht negativ wie herkömmlicher Zucker – natürlicher Zucker ist also während Ihrer Detox-Kur erlaubt!

Süßungsmittel

Zum Süßen Ihrer Gerichte können Sie Trockenfrüchte, Beeren oder frische Datteln verwenden. Einer meiner Favoriten unter den Süßungsmitteln ist unerhitzter Honig – einerseits wegen seiner hohen Enzymqualität und heilender Wirkung und andererseits wegen seiner sanften Süße. Für Veganer, die Honig meiden, kann Agavensirup eine gute Alternative sein. Achten Sie darauf, dass der Sirup nicht erhitzt wurde. Beim Erhitzen gehen wertvolle Inhaltsstoffe verloren und der Zucker wird schnell vom Körper aufgenommen und treibt den Blutzuckerspiegel in die Höhe.

Kokospalmenzucker, eine weitere Alternative zum Süßen, wird gedämpft, damit er kristallisiert. Der Zucker ist reich an Mineralien und hat einen niedrigen glykämischen Index (ein Maß dafür, wie stark verschiedene Lebensmittel den Blutzucker beeinflussen).

Stevia ist ein natürliches Süßungsmittel, das etwa 100-mal süßer ist als Zucker. Seien Sie also vorsichtig, wenn Sie es zum Süßen verwenden. Früchte sind eine natürliche und leckere Quelle für den süßen Geschmack. Die Birne in der Cashewsahne (siehe Seite 110) ist ein gutes Beispiel dafür: Die Birne süßt und die Sahne macht das Ganze etwas leichter und lockerer.

Wenn Sie die verschiedenen Süßungsmittel gegeneinander austauschen, beachten Sie, dass dadurch die Konsistenz beeinträchtigt werden kann. Tauschen Sie beispielsweise Honig gegen Stevia aus, brauchen Sie zusätzlich noch etwas, das bindet, zum Beispiel eingeweichte Chiasamen, Kokosöl oder Wasser.

Gewürze und Kräuter

Bei der Zubereitung von Rohkost verwenden wir oft Salz und Zitrone, um den Geschmack hervorzuheben. Es gibt aber noch mehr Möglichkeiten, um einem Gericht einen gewissen Kick zu geben. Ich habe inzwischen durch Ausprobieren meine Favoriten unter den Gewürzen und Kräutern entdeckt. Experimentieren Sie mit Ihren Lieblingsgewürzen und -kräutern, zum Beispiel mit gemahlener Vanille, Kardamom, Kurkuma, Tandoori, Zimt, Cayennepfeffer, Paprikapulver, getrocknetem Oregano, Kreuzkümmel, getrocknetem Koriander, Thymian oder Sternanis. Zu meinen Favoriten gehören:

- Frische Kräuter wie Basilikum, Minze, Zitronenmelisse, Petersilie, Salbei.
- Ingwer: Er hat eine wärmende Wirkung und schmeckt frisch oder getrocknet.
- Knoblauch: Ich gehe etwas sparsam mit Knoblauch in den Rezepten um. Doch wenn Sie gerne Knoblauch essen, können Sie jederzeit mehr nehmen. Knoblauch hat eine gute medizinische Wirkung, kann aber für einige geschmacklich zu intensiv sein und Magenbeschwerden auslösen.

Fermentiertes Gemüse

Sauerkraut, Kimchi und andere gesäuerte Gemüsesorten können Sie leicht und günstig selbst herstellen. Sie sorgen für eine gute Bakterienflora, die ihrerseits dazu beiträgt, dass wir gesund bleiben. Kombucha ist ein fermentiertes Getränk, das einen Hauch von Luxus versprüht und auch viele gute Bakterien enthält. Fermentiertes Gemüse gehört täglich beim Detoxen dazu und auch in Ihrem neuen gesünderen Leben danach.

Superfoods

Der Name Superfood ist noch relativ neu. Hinter dem Begriff verbergen sich »Lebensmittel mit einem maximalen Anteil an Nährstoffen pro Gramm«. Wenn Sie Superfood essen, erhalten Sie also eine Menge Inhaltsstoffe, ohne Ihre Verdauung zu sehr zu belasten. Ergänzen Sie damit Ihren Smoothie, reichern Sie Ihr Frühstück damit an. Snackbällchen schmecken mit Superfood noch leckerer oder bereiten Sie Superfood-Desserts zu! Gleich und im Glossar ab Seite 134 erfahren Sie mehr über die gängigsten Superfoods, wie gut sie tun und wie Sie damit Ihre Detox-Kur maximieren können.

Acai-Beeren sind eine gute Quelle für Antioxidanzien. Sie enthalten essenzielle Fettsäuren, die schön machen, und Ballaststoffe, die Ihnen ein Sättigungsgefühl geben – was eine Gewichtsabnahme fördern kann. Man kann die Beeren beispielsweise in Smoothies, Snacks, Keksen, Kuchen und Bananeneis verwenden.

Gojibeeren: Goji bedeutet »happy«. Gojibeeren gelten als eines der nahrhaftesten Superfoods und werden auch Verjüngungsbeeren genannt. Die Beeren enthalten essenzielle Aminosäuren, 21 Mineralien, Vitamine, 6-mal mehr Beta-Karotin als Möhren, 15-mal mehr Eisen als Spinat und 500-mal mehr Vitamin C als Orangen. Man sagt auch, dass Gojibeeren die Widerstandskraft gegen Viren, Bakterien und Pilze stärken. Darüber hinaus sollen sie die Sehkraft stärken, den Blutdruck senken und den Schlaf verbessern. Man kann die Beeren pur essen oder als Zutat im Müsli, Frühstücksbrei oder Obstsalat und in Smoothies mitmixen.

Hanfsamen enthalten unentbehrliche Aminosäuren und essenzielle Fettsäuren, die für unsere Gesundheit so wichtig sind. Essenzielle Fettsäuren sorgen für den Glanz unserer Haut, Haare und Augen und fördern unser Denkvermögen. Sie schmieren (reinigen) die Blutgefäße und sind wertvoll für eine gute Immunabwehr. Hanfsamen sind eine ausgezeichnete Basis für Smoothies, sie schmecken über einen Salat gestreut, in Schokoladenstückchen oder als Hülle um die Snackbällchen.

Algen enthalten viele Mineralien, Spurenelemente und Proteine. Arame-Algen, Dulse-Algen, Hiziki-Algen, Nori-Algen und Wakame-Algen sind die herkömmlichen Sorten. Weichen Sie die Algen ca. 30 Minuten ein und spülen Sie anschließend das Einweichwasser ab. Servieren Sie die Algen als Salat.
Spirulina und Chlorella können Sie in Pulver- oder Tablettenform einnehmen. Sie sind reich an Chlorophyll und Jod. Chlorella ist außerdem sehr effektiv beim Ausleiten von Schwermetallen aus dem Körper. Sprechen Sie zuvor mit Ihrem Arzt, wenn Sie wegen Ihrer Schilddrüse auf Jod achten müssen. Dulse-, Kombu- und Hiziki-Algen haben beispielsweise einen

höheren Jodgehalt und sollten bei Schilddrüsenproblemen nicht so oft gegessen werden. Spirulina enthält essenzielle Aminosäuren und ist reich an den Mineralstoffen Kalzium, Zink und Magnesium. Spirulina gibt Getränken und Cremespeisen eine kräftig grüne Farbe.

Kakao ist die beste Antioxidanzien-Quelle aller Lebensmittel auf der ganzen Welt. Er enthält reichlich von der Aminosäure Tryptophan, die das Serotoninniveau, unser Wohlfühlhormon, im Körper positiv beeinflusst. Wenn wir verliebt sind, produzieren wir viel davon! Rohes Kakaopulver wird genauso wie »gewöhnliches« Kakaopulver für Nachspeisen, andere Leckereien und Smoothies verwendet.

Kakaobutter: Die Forschung hat gezeigt, dass Kakaobutter trotz ihres hohen Gehalts an den ungesunden gesättigten Fettsäuren den Cholesteringehalt im Blut nicht erhöht, wie viele andere Fette mit gesättigten Fettsäuren das tun. Die Kakaobutter enthält auch antioxidative Eigenschaften, da ihr Tocopherol und Polyphenol freie Radikale abfangen und Hautirritationen lindern können. Verwenden Sie Kakaobutter beispielsweise für Chunky-Schokoladenstückchen oder weiche Trüffel. Sie ist auch ideal als pflegende Körperlotion.

Kakaonibs sind zerstückelte Kakaobohnen mit den gleichen Eigenschaften wie Kakao. Sie können die Kakaostückchen in Smoothies, Eis oder Kuchen geben oder Tartes und Torten damit dekorieren.

Carob kann man anstelle von Kakao verwenden, das schokoladig schmeckt und dreimal mehr Kalzium, ein Drittel weniger Kalorien und 17-mal weniger Fett als Kakao enthält. Es ist ein feines Pulver, das man in allen möglichen Rezepten zur Intensivierung des Geschmacks verwenden kann, besonders in Schokoladendesserts.

! Kokosöl und Kakaobutter gelten als feste Masse, deren Volumengröße sich ändert, wenn sie über einem lauwarmen Wasserbad flüssig gemacht werden.

Kokosöl: Die Energie im Kokosöl wird im Körper schnell umgesetzt, das bedeutet, dass der Körper das Fett lieber verbrennt als speichert. Es ist das allerbeste Fett zum Kochen, da es auch bei hohen Temperaturen stabil bleibt. Streichen Sie Kokosfett auf Ihr Brot oder Ihre Rohkost-Kekse. Mixen Sie es unter Ihre Smoothies, machen Sie damit weiche Trüffel und wunderbare Schokoladensaucen. Man kann das Kokosöl auch als Massageölverwenden oder für eine wohltuende Haarpackung.

Tamari (Nama Shoyu) ist ein fermentiertes Sojaprodukt, eine Würzsauce, die zum Salzen verwendet wird.

Öle

Besorgen Sie sich verschiedene und qualitativ hochwertige Öle für die Zubereitung der Rohkost. Die Öle sollten aus der ersten Pressung stammen, also kalt gepresst – »extra vergine« – sein. Wählen Sie nach Geschmack und Vorlieben aus: Olivenöl, Hanföl, Mandelöl, Kürbiskernöl, Kokosöl oder Leinsamenöl.

Salz

Ob Hauptmenü oder Dessert, eine Prise Salz gibt jedem Gericht erst den richtigen Pfiff. Zum Abschmecken der Rohkost ist unraffiniertes gräuliches Meeressalz und das rosafarbene Himalayasalz empfehlenswert.

WARUM EINWEICHEN?

Durch das Einweichen von Samen und Nüssen in Wasser werden ihre lebendig machenden Eigenschaften geweckt und inaktive Enzyme freigesetzt. Auf diese Weise spenden sie uns mehr Lebenskraft. Zudem kann der Körper die Proteine aus eingeweichten Nüssen und Samen leichter aufnehmen. Eingeweichte Trockenfrüchte fördern die Verdauung. Der Zucker in den Früchten geht ins Einweichwasser über, das man aufheben und als Süßungsmittel für Nuss- und Samenmilch oder andere Gerichte verwenden kann.

Beachten Sie beim Einweichen folgende Tipps:

- In den Rezepten wird stets die trockene Menge angegeben, die eingeweicht werden soll. Während des Einweichens wird das Volumen größer.
- Die Einweichzeiten sind nur Empfehlungen, experimentieren Sie selbst. Sie erfahren vor jedem Tag, was vorbereitet werden muss und auch ungefähr den Zeitaufwand dafür. Manchmal kann es empfehlenswert sein, nur eine Stunde einzuweichen statt gar nicht. Wenn Ihnen das zu aufwendig ist, können Sie auch darauf verzichten. Allerdings sollten Sie dann auf Ihren Magen achten – Magendrücken oder Völlegefühl sollten Sie nicht bekommen. Denn nicht eingeweichte Nüsse und Samen sind schwerer verdaulich.
- Verwenden Sie viel Wasser, wenn Sie Buchweizen, Nüsse und Samen einweichen, und spülen Sie die eingeweichten Zutaten hinterher sorgfältig ab. Je nach Sorte haben Nüsse eine unterschiedlich lange Einweichzeit, beachten Sie deshalb die in jedem Rezept empfohlenen Zeiten.
- Wenn Sie Trockenfrüchte einweichen, sollten die Früchte etwa zehn Zentimeter hoch mit Wasser bedeckt sein. Stellen Sie die Schüssel währenddessen in den Kühlschrank. Das Einweichwasser können Sie hinterher zum Süßen von Smoothies, für Dressings oder zum Backen verwenden. Die eingeweichten Früchte halten sich ein bis zwei Tage in einer gut schließenden Dose im Kühlschrank.
- Sonnengetrocknete Tomaten, die nicht in Öl eingelegt sind, brauchen etwa 1 Stunde zum Weichwerden. Eingeweicht halten sie sich einige Tage im Kühlschrank.

SPROSSEN SELBST ZIEHEN

Sprossen oder Sprossengemüse sind frisch gekeimte Samen. Sie selbst zu ziehen lohnt sich, wenn es kein regionales junges Gemüse zu kaufen gibt. Sprossen sind klima- und umweltfreundlich. Überdies sind diese zarten und knackigen Keimlinge eine gute Abwechslung auf dem Speiseplan und machen Lust auf mehr Grünes. Im Hinblick auf Nährstoffe sind Sprossen vergleichbar mit anderen Gemüsesorten. Sie sind eine gute Quelle für Ballaststoffe, Vitamin C, das B-Vitamin Folsäure, die Vitalstoffe Eisen und Zink. Gekeimte Hülsenfrüchte wie Linsen und Kichererbsen sind außerdem noch eine gute Proteinquelle. Sprossen sind also sehr nahrhaft und außerdem voll lebender Energie.
Das Keimen verbessert die Aufnahme von Mineralien wie Zink und Magnesium. Außerdem reduziert der Keimungsprozess die blähenden Eigenschaften der Hülsenfrüchte, da die gasbildenden Ballaststoffe teilweise abgebaut werden. Wer möchte, kann es sich am Anfang einfach machen und fertige Sprossen kaufen. Später sollten Sie dazu übergehen, allmählich Ihre Sprossen

selbst zu ziehen. Es macht Spaß, zu beobachten, wie eine kleine Samenmenge zu einer vollen Schüssel Sprossen heranwächst, und außerdem sind sie preiswert. Allerdings verlangt das Sprossenziehen etwas Vorausplanung.
Zum Keimen gut geeignet sind: Alfalfa, Mungobohnen, Adzukibohnen, grüne Linsen, schwarze Linsen, andere kleine Linsen (die roten kleinen Linsen keimen nicht), Quinoa und Buchweizen. Der Buchweizen sollte ganz und geschält sein. Außerdem ist es wichtig, dass man den »Schleim«, der sich im Einweichwasser bildet, regelmäßig gründlich wegspült.

So wird´s gemacht:
Auf den meisten Verpackungen von Samen und Hülsenfrüchten finden Sie Informationen zur Keimzeit. Die meisten Samen werden etwa 8 Stunden oder über Nacht eingeweicht, dann jeden Morgen und Abend vorsichtig abgespült, bis sie verzehrfertig sind. Manche Samen wie Alfalfa bekommen grüne Blättchen voller Chlorophyll, wenn sie den Keimbehälter am Ende der Keimzeit an ein sonniges Fenster stellen. Verwenden Sie ein Weckglas mit etwa 1 Liter Inhalt, ein feinmaschiges Mulltuch oder ein Sieb und ein kräftiges Gummiband, wenn Sie kein spezielles Sprossengerät besitzen.

1 Entfernen Sie zuerst alle beschädigten und verfärbten Samen, Bohnen oder Linsen und legen die übrigen in das Glas. Befestigen Sie das Tuch mit dem Gummiband. Spülen Sie den Inhalt gut mit kaltem Wasser durch.
2 Als Faustregel gilt: Berechnen Sie 60g Samen, Bohnen, Linsen für 300 ml Wasser. Weichen Sie grüne Linsen, Mungobohnen, Adzukibohnen oder Kichererbsen 6–12 Stunden ein und kleinere Samen wie Alfalfa- und Quinoasamen 4–8 Stunden. Gießen Sie das Wasser danach ab.
3 Spülen Sie die Samen, Bohnen oder Linsen und stellen Sie das Glas schräg, sodass das ganze Wasser ablaufen kann. Bedecken Sie das Glas und stellen Sie es an einen dunklen Ort, da alles am besten im Dunkeln keimt.
4 Spülen Sie die Keimlinge 2- bis 3-mal täglich mit lauwarmem Wasser vorsichtig ab.

Gut zu wissen: Die Keimzeit bis hin zu fertigen Sprossen beträgt etwa 3–5 Tage, außer bei den Quinoasamen, die bereits nach 1–2 Tagen ausgekeimt sind. Die fertigen Sprossen anschließend in einen gut schließenden Behälter geben und in den Kühlschrank stellen. Dort halten sie sich 2–4 Tage.

! Das Sprossenziehen soll Spaß machen. Wenn Ihnen das Keimen nicht gelingt, dann ist es besser fertige Sprossen zu kaufen. Und das ohne schlechtes Gewissen!

DAS WOCHENPROGRAMM – SO STARTEN SIE IN DEN TAG

Vor dem Frühstück

Beginnen Sie den Tag mit Zitronenwasser. Dafür 500 ml zimmerwarmes Wasser und den Saft von einer halben Zitrone in einem großen Glas mischen und trinken. Dies dient der »Befeuchtung« des Körpers und erleichtert den Reinigungsprozess der Leber. Nach dem Fasten über Nacht kommt die Verdauung wieder in Gang, um den Darm zu entleeren. Wenn Sie das Trinken von Zitronenwasser auch nach Ihrer siebentägigen Detox-Kur beibehalten, wird es zu einer guten Gewohnheit und verhilft Ihnen zu einem angenehmen Start in den Tag.

Morgens

Das Frühstück ist als leckeres und nahrhaftes Geschenk am Morgen gedacht, das Ihnen ausreichend Kraft für die Abenteuer des Tages spenden soll. Für viele ist die Morgenmahlzeit auch die wichtigste Mahlzeit des Tages. Da wir aber alle verschieden sind, frühstückt jeder anders – manche essen gerne ein reichliches Frühstück direkt nach dem Aufstehen, andere warten lieber einige Stunden, bis sie richtig wach sind. Wie sieht Ihr Morgen aus? Wenn Sie eine leichtere Morgenmahlzeit bevorzugen, bereiten Sie sich einen Smoothie zu und trinken Sie ihn im Laufe des Vormittags.

Vormittags

Am Vormittag brauchen wir eine kleine Stärkung, um bis mittags durchhalten zu können. Smoothies lassen sich leicht mit in die Arbeit nehmen und man kann sie auch nebenher trinken, falls man keine Pause machen kann.

Mittags

Frische, knackige grüne Blätter sind die Basis für Ihre Salate. Wenn Sie Ihren Mittagssalat nicht ganz nach dem jeweiligen Rezept des Tages herstellen wollen, wählen Sie grüne Blätter und anderes Gemüse Ihrer Wahl. Träufeln Sie für den Geschmack Olivenöl und Zitronensaft darüber. Wenn Sie extra Salz wünschen, verwenden Sie Kräutersalz, Algen oder die fermentierte Sojasauce Tamari. Vergessen Sie nicht, den Salat gut zu kauen. Manchmal komme ich mir vor wie ein Kaninchen, wenn ich auf grünen Blättern herumkaue. Aber dann denke ich daran, dass ich damit meiner Verdauung die Arbeit erleichtere und die Aufnahmefähigkeit der Nährstoffe erhöhe. Wenn Sie im Restaurant zu Mittag essen, bestellen Sie einen Salat oder bedienen Sie sich am Salatbuffet.

Nachmittags

Vielleicht sind Sie es gewöhnt, nachmittags etwas Süßes zu genießen, wenn die Energie nachlässt. Dann ist es einfach, den Blutzuckerspiegel mit einer Tasse Kaffee und einem Stück Kuchen zu erhöhen. Aber so erhalten Sie leider nicht die Energie zurück, die Sie benötigen. Das Detox-Programm enthält stattdessen gesündere Leckereien mit Trockenobst,

Honig und Früchten bereit, die dem Körper das geben, was er braucht. Diese Süßigkeiten enthalten neben dem süßen Geschmack auch gesunde Fette und Proteine, die Sie bis zum Abend satt machen.

Abends

Zum Abendessen ist vielleicht die ganze Familie am Tisch versammelt und das Essen wird dann oft mit mehr Zeit und Hingabe zubereitet als mittags. Um in die richtige Essensstimmung zu kommen, haben die Rezepte in diesem Buch die gleichen Namen wie die herkömmlichen, die Sie bisher sicher gerne gegessen haben, zum Beispiel Pasta mit Sauce, Frikadellen und Burger. Lassen Sie ruhig die übrige Familie von Ihren Köstlichkeiten probieren. Wenn Sie alleine leben, laden Sie jemanden zum Abendessen ein und teilen Sie mit dem Gast Ihre Rohkost-Mahlzeit! Lesen Sie am Abend zuvor die Rezepte für den kommenden Tag durch und überlegen Sie, was Sie essen möchten. Bereiten Sie alles Nötige vor: das Einweichen der Trockenfrüchte, das Auftauen der tiefgekühlten Beeren …

Am späten Abend

Ich gehe abends oft an den Kühlschrank oder werfe einen Blick in die Speisekammer. Eigentlich habe ich nicht wirklich Hunger, sondern nur Gelüste auf etwas. Abendhunger. Meistens koche ich dann eine Tasse Tee, trinke etwas Wasser, lese, mache Yoga oder gehe ganz einfach schlafen. Meistens beruht dieser Abendhunger darauf, dass man am Tag nicht genug gegessen hat, dass etwas gefühlsmäßig unbearbeitet ist oder dass wir ganz einfach nur müde sind. Am Anfang der Detox-Kur kann es sein, dass Sie abends oft Hunger empfinden. Das gibt sich meistens nach einigen Tagen und dann können Sie mit einer neuen Gewohnheit beginnen.

Das sollten Sie während der Detox-Kur unbedingt beachten:

- Die Anzahl der Portionen sind nur Empfehlungen, Ihr Hunger ist vielleicht größer oder kleiner.
- Finden Sie heraus, was Ihnen am besten schmeckt. Experimentieren Sie mit unbekannten Lebensmitteln, würzen Sie mehr, verwenden Sie mehr Zitrone – passen Sie die Gerichte an Ihre eigenen Bedürfnisse und Vorlieben an.
  Der Geschmack eines Apfels variiert beispielsweise deutlich, je nachdem, ob er klein oder groß, ökologisch oder konventionell angebaut wurde.
- Wenn Sie Veganer sind, tauschen Sie den Honig in den Rezepten gegen Agavensirup, eingeweichtes Trockenobst oder andere Süßungsmittel aus (siehe Seite 50f).
- Essen Sie alle drei Stunden, dann erhalten Sie ein stabiles Energieniveau und verhindern das Absinken Ihres Blutzuckers.
- Trinken Sie Wasser zwischen den Mahlzeiten.
- Trinken Sie Kräutertee bei Bedarf.
- Bereiten Sie sich mit einigen tiefen Atemzügen auf Ihre Mahlzeit vor, bevor Sie essen.
- Kauen Sie Fenchelsamen oder Lakritzwurzel, wenn Sie Lust auf etwas Süßes überkommt.
- Nehmen Sie die Zeitangaben als ungefähre Richtlinien. Am Anfang kann alles etwas länger dauern, bis Sie mehr Übung haben. Später geht es sogar schneller. Ein Smoothie ist in nur 2 Minuten gemixt!

TAG 1 – MONTAG

Während Ihrer Detox-Kur dürfen Sie auch genießen, deshalb beginnen Sie Ihren ersten Tag mit einer Tarte. Als Zwischenmahlzeit gibt es dann einen Smoothie, der Sie bis mittags angenehm satt hält. Wenn Sie Ihre Morgenmahlzeit durch einen Smoothie ersetzen, dann mixen Sie gleich eine größere Menge. Der Rotkohl macht den Mittagssalat mit den grünen Blättern und der cremigen Avocado schön knackig und farbenfroh. Ihre erste Zwischenmahlzeit am Nachmittag sind leckere Feigenwürfel. Feigen fördern die Verdauung, was gut ist, wenn Sie es nicht gewohnt sind, viele Ballaststoffe zu essen. Beenden Sie Ihren ersten Detox-Tag mit Rohkost-Pasta und einer leckeren Tomatensauce mit Mandeln als Basis. Planen Sie Ihren zweiten Detox-Tag, lesen Sie die Tipps für einen guten Schlaf auf Seite 29, und schlafen Sie gut!

Vorbereitungen

Fürs Frühstück

- Den Teig einen oder mehrere Tage im Voraus zubereiten und mit Folie abgedeckt in den Kühlschrank stellen.

Für vormittags

- Erdbeeren auftauen, wenn es noch keine frischen Beeren gibt.

Für nachmittags

- Feigen 4-8 Stunden einweichen. Nüsse nach Belieben 4-8 Stunden einweichen.

MORGENS

APFELTARTE MIT PEKANNÜSSEN

Für 2 Portionen | Zubereitungszeit 15 Minuten

Diesen Teig können Sie auch für Snackbällchen verwenden! Variieren Sie nach Geschmack mit verschiedenen Nüssen und anderen Trockenfrüchten – es eignen sich die unterschiedlichsten Kombinationen. Hier eine besonders leckere Variante:

BODEN:

- 2 EL Rosinen
- 25 g Pekannüsse
- 4 Aprikosen
- ½ TL Zimtpulver

FÜLLUNG:

- 3 Äpfel

TOPPING:

- 3 Aprikosen
- 30 g Cashewnüsse
- 1 Prise frisch geriebene Muskatnuss
- 1 Msp. Vanillepulver
- ½ TL Zimtpulver

1 Für den Boden die Rosinen einweichen. Pekannüsse, Aprikosen und Zimtpulver in einer Küchenmaschine mahlen. Für das Topping die Aprikosen einweichen.
2 Die Mischung als Boden in eine kleine Tarteform (20 cm Ø) drücken. Die Äpfel waschen und entkernen. 2 Äpfel mit den eingeweichten Rosinen in einem Mixer oder mit einem Stabmixer pürieren. Die Masse auf den Tarteboden streichen.
3 Den übrigen Apfel in Scheiben schneiden und auf der Masse verteilen. Die Cashewnüsse mahlen und mit eingeweichten Aprikosen, Muskat und Vanillepulver mischen. Die Mischung gleichmäßig auf der Tarte verteilen.

VORMITTAGS

ORANGEN-SMOOTHIE

Für 2 Portionen | Zubereitungszeit 5 Minuten

Dieser Smoothie enthält viele Antioxidanzien und stärkt die Abwehrkräfte.

- 120 g Erdbeeren (frisch oder aufgetaut)
- 1 Banane
- 1 Stück frischer Ingwer (ca. 2 cm)
- 1 EL Honig
- 1 EL Acaipulver
- 400 ml frisch gepresster Orangensaft

1 Die Erdbeeren waschen und putzen. Banane und Ingwer schälen.
2 Erdbeeren, Banane, Ingwer, Honig, Acaipulver und Orangensaft in einen Mixer geben und mixen, bis die Konsistenz cremig ist. Den Smothie in zwei Gläser füllen.

MITTAGS

ROTKOHLSALAT MIT AVOCADO

Für 2 Portionen | Zubereitungszeit 10 Minuten | Ziehen 30 Minuten

Rotkohl gibt dem Salat eine schöne Farbe und macht ihn herrlich knackig. Vergessen Sie nicht, den Salat lange und gut zu kauen! Das unterstützt die Verdauung.

- 100 g Babyspinat
- ½ Kopfsalat
- 2 Stangen Staudensellerie
- 1 kleiner Zucchino
- 1 Stück Rotkohl (ca. 20 g)
- 1 Avocado

DRESSING:

- 50 ml Olivenöl
- 1 EL Apfelessig
- frische essbare Blüten (z. B. Sorte Flower Power, Ringelblumen, Veilchen, Klee)

1 Den Spinat und den Salat putzen, waschen und in mundgerechte Stücke zupfen. Staudensellerie und Zucchino waschen, putzen und in kleine Stücke schneiden. Den Rotkohl in Streifen schneiden.
2 Die Avocado halbieren, entsteinen, schälen und in Scheiben schneiden.
3 Für das Dressing Öl und Essig verrühren und die Blüten untermischen. Das Dressing mit den vorbereiteten Zutaten vorsichtig mischen. Den Salat etwa 30 Minuten ziehen lassen.

NACHMITTAGS

FEIGENWÜRFEL

Für 15 Stück | Zubereitungszeit 10 Minuten

Die Masse können Sie auch zu Bällchen rollen oder zu Riegeln formen. In der indischen Küche wird Kurkuma täglich verwendet, es hält die Gelenke geschmeidig.

- 160 g gemischte Nüsse (z. B. Pekannüsse, Walnusskerne, Mandeln)
- 500 g Feigen
- 105 g Kokosflocken
- 1 TL Zimtpulver
- ½ TL Kurkuma
- ½ TL Vanillepulver

1 Die Nüsse in einer Küchenmaschine fein mahlen. Die eingeweichten Feigen, 90 g Kokosflocken, Zimtpulver, Kurkuma und Vanillepulver hinzufügen und alles zu einem Teig verarbeiten.

2 Den Teig zuerst zu 15 gleich große Bällchen, dann mit den Fingern zu Würfeln formen. Die Würfel in den restlichen Kokosflocken wälzen.

ABENDS

ZUCCHINIPASTA MIT TOMATENSAUCE

Für 2 Portionen | Zubereitungszeit 10 Minuten

Kann man wirklich Rohkost-Pasta machen? Ja natürlich! Anstelle von Weizen und Wasser nehmen Sie einen Kartoffelschäler und hobeln aus Zucchinipasta. Zucchinipasta machen den Körper glücklicher, sind nährstoffreicher und schnell all dente.

- 65 g Mandeln
- 2 Tomaten
- ½ rote Paprikaschote
- 1–2 Knoblauchzehen
- 1 EL frisch gehacktes Basilikum
- 1–2 EL Tamari-Sojasauce
- 2 mittelgroße Zucchini
- Basilikumblätter (nach Belieben)

1 Für die Sauce die Mandeln in einem Mixer fein mahlen.

2 Die Tomaten waschen, von den Stielansätzen befreien und in Stücke schneiden.

3 Die Paprikaschote halbieren, putzen, waschen und in Stücke schneiden. Den Knoblauch schälen.

4 Die Tomaten- und Paprikastücke, Basilikum, Knoblauch und Tamari-Sojasauce in den Mixer geben und alles pürieren, bis eine glatte Konsistenz entsteht. Eventuell 1–2 EL Wasser dazugeben.

5 Für die Pasta die Zucchini waschen, putzen und mit einem Schäler in Streifen abziehen. Die Zucchinstreifen in eine Schüssel geben und die Tomatensauce darübergießen. Nach Belieben mit den Basilikumblättern garnieren.

TAG 2 – DIENSTAG

Am zweiten Detox-Tag geht das Detoxen meistens leichter, man spürt eine gewisse Leichtigkeit und Lust auf Neues. Erste Veränderungen werden spürbar, und die beziehen sich nicht nur auf das Gewicht.

Doch wenn Sie mehr Hunger verspüren als sonst, können Sie den Tag mit einem herrlich sättigenden Buchweizenfrühstück einleiten.
Der Smoothie am Vormittag ist grün und frisch. Zum Mittagessen gibt es Algensalat. Vielleicht essen Sie Algen zum ersten Mal? Geben Sie ihnen eine Chance, probieren Sie die Algen ruhig mehrere Male aus, der Geschmack ist etwas gewöhnungsbedürftig.
Am Nachmittag gibt es noch einmal Algen – herrlich grüne Spirulina.

VORBEREITUNGEN

Fürs Frühstück

- Den ganzen, geschälten Buchweizen über Nacht einweichen. Für das Frühstück am Donnerstag eventuell Mungobohnen keimen lassen.

Fürs Mittagessen

- Die Arame-Algen etwa 10 Minuten einweichen. Danach den fertigen Salat etwa 30 Minuten marinieren lassen.

Fürs Abendessen

- Die Mandeln und die Haselnüsse 8 Stunden einweichen.

MORGENS

WEICHER BUCHWEIZEN MIT NEKTARINEN

Für 2 Portionen | Zubereitungszeit 5 Minuten

Der Buchweizen ist glutenfrei, enthält langsam verwertbare Kohlenhydrate und ist ein ausgezeichneter Start in den Tag!

- 150 g Buchweizen
- 2 Nektarinen
- 2 Datteln
- ½ EL Acaipulver

1 Den eingeweichten Buchweizen gründlich abbrausen und abtropfen lassen. Die Nektarinen waschen, halbieren, entsteinen und in kleine Stückchen schneiden. Die Datteln ebenfalls entsteinen.
2 Buchweizen, Nektarinenstücke, Datteln, Acaipulver und 100 ml kaltes Wasser in einen Mixer geben und pürieren. Falls Sie lieber eine smoothieähnliche Konsistenz haben möchten als Brei, geben Sie nach Belieben etwas mehr Wasser dazu.

VORMITTAGS

KIWI-SMOOTHIE

Für 2 Portionen | Zubereitungszeit 5 Minuten

Gelbe Kiwis schmecken fast wie Karamell und das schmeckt mir besonders! Grün oder gelb, in diesem Rezept funktionieren beide Sorten gut. Wählen Sie, was Ihnen gut schmeckt.

- ½ Zitrone
- 1 Bund Petersilie
- 2 Bananen
- 4 grüne oder gelbe Kiwis

1 Den Saft der Zitronenhälfte auspressen. Die Petersilie waschen und trocken schütteln, die Blätter abzupfen. Die Bananen und Kiwis schälen und in Stücke schneiden.
2 Zitronensaft, Bananen- und Kiwistücke, Petersilie und 100 ml Wasser in einen Mixer geben und pürieren. Je nach gewünschter Konsistenz etwas mehr Wasser dazugießen. Den Smoothie in zwei Gläser füllen.

MITTAGS

ARAME-ALGEN-SALAT

Für 2 Portionen | Zubereitungszeit 10 Minuten | Ziehen 30 Minuten

Algen, Algen und noch mehr Algen! Arame-Algen sind am leichtesten zu essen und schmecken nicht so sehr nach Meer wie andere Algensorten.

- ½ Zitrone
- 2 EL Tamari-Sojasauce
- 15 g Arame-Algen
- 70 g Rucola
- 70 g Babyspinat
- 90 g Pinienkerne

1 Den Saft der Zitronenhälfte auspressen. Den Zitronensaft mit der Tamari-Sojasauce verrühren. Die eingeweichten Algen abwaschen und abtropfen lassen.
2 Die Algen in der Marinade etwa 30 Minuten ziehen lassen. Rucola und Babyspinat waschen, verlesen und abtropfen lassen. Pinienkerne, Rucola und Babyspinat unter die Algen mischen.

NACHMITTAGS

SPIRULINASQUARES

Für 10 Stück | Zubereitungszeit 10 Minuten

Wow – das sind echte Power-Würfel! Spirulina ist reich an Protein und Chlorophyll, das gibt den Power-Würfeln eine intensiv grüne Farbe.

- 25 g Hanfsamen
- 3 EL Kakaopulver (roh)

- 2 EL Spirulina-Algen
- 2 EL Kokosöl
- 2 EL Honig
- 1 Prise Salz
- ½ TL Vanillepulver

1 Die Hanfsamen in einer elektrischen Kaffeemühle oder im Blitzhacker fein mahlen. Alle Zutaten in eine Schüssel geben und mit den Händen oder einem Löffel gut vermischen.
2 Den Teig zuerst zu 10 Bällchen, dann die Bällchen mit den Fingern zu Würfeln formen und 1 Stunde in den Kühlschrank stellen.

Tipp: Am besten gleich eine größere Menge an Hanfsamen im Mixer oder in der Küchenmaschine mahlen und in einer gut schließenden Box aufbewahren. Oder bereiten Sie die doppelte Menge an Teig zu.

ABENDS

PAPRIKA MIT CURRY-NUSSFÜLLUNG

Für 4 Portionen | Zubereitungszeit 15 Minuten

Perfekt zum Mitnehmen für die Mittagspause! Wenn etwas Nussmasse übrig bleibt, kann man sie einige Tage im Kühlschrank aufheben oder einfrieren und bei Bedarf auftauen lassen.

- 95 g ungeschälte Mandeln
- 90 g Haselnusskerne
- 1–2 TL Currypulver
- 1 EL Kurkumapulver
- 2 EL Tamari-Sojasauce
- 1 Möhre
- 1 Zwiebel
- 4 rote Paprikaschoten
- 2 Handvoll Rucola

1 Die eingeweichten Ma
kerne in einer Küchenm
mit Curry- und Kurku
sauce und 1–2 EL Wa
einer dicken Masse v
2 Die Möhre putze
dem Gemüsehobel grob ra
schälen und fein hacken. Beides unter die Nussmasse mischen. Die Paprikaschoten halbieren, putzen und waschen. Die Paprikahälften mit der Masse füllen. Den Rucola waschen, verlesen und abtropfen lassen und auf einer Platte verteilen. Die gefüllten Paprikahälften daraufsetzen.

TAG 3 – MITTWOCH

Am dritten Tag spüren die meisten schon die Wirkung der Detox-Kur. Der Körper beginnt, sich von weißem Zucker und schnell verwertbaren Kohlenhydraten zu reinigen, und auch die eingelagerten Gifte werden nun langsam mobil. Jetzt kann es sein, dass Sie frieren, müder als gewöhnlich sind und Süßhunger bekommen. Gönnen Sie sich Ruhe, wenn diese Symptome auftreten. Um den Körper beim Reinigungsprozess zu unterstützen und nicht zu sehr mit energieraubendem Essen zu belasten, sind die Rezepte heute etwas einfacher. Vermutlich werden Sie mehr Hunger haben, lindern Sie ihn mit Kräutertee und warmem Zitronenwasser. Gehen Sie früh zu Bett, um den Hunger am Abend zu vermeiden. Das Frühstück sorgt für einen Energiekick und spendet Ihnen eine Menge Antioxidanzien und Ballaststoffe. Der Körper braucht das zum schonenden Abbau eingelagerter Gifte. Der Mittagssalat ist eine appetitliche Rot-Grün-Mischung – es soll nämlich nicht nur gut schmecken, sondern auch schön aussehen. Das ist wichtig! Die Zwischenmahlzeit besteht aus Melone, die mit keiner anderen Melonensorte, anderen Früchten oder Gemüse gemischt werden sollte, weil sie eine sehr kurze Verdauungszeit hat. Heute ist auch das Abendessen flüssig. Falls Sie sehr hungrig sind, können Sie zwei Portionen davon essen. Denken Sie daran, jede Mahlzeit bewusst und gut zu kauen!

MORGENS

DETOX-OBSTSALAT

Für 2 Portionen | Zubereitungszeit 10 Minuten

Wenn Sie kein reifes, ökologisch produziertes Obst bekommen, dann wählen Sie einfach Obst und Beeren je nach Saison.

- 1 große Mango
- 1 Orange
- 2 Bananen
- 10 blaue Weintrauben
- ½ Granatapfel

1 Die Mango, Orange und Bananen schälen. Das Fruchtfleisch der Mango erst vom Stein, dann in kleine Stücke schneiden. Orange und Bananen ebenfalls klein schneiden. Die Weintrauben waschen und trocken tupfen. Die Kerne aus der Granatapfelhälfte mit einem Löffel lösen. Alles in einer Schüssel mischen.

VORMITTAGS

MUNTERMACHER-SMOOTHIE

Für 2 Portionen | Zubereitungszeit 5 Minuten

Ich esse gern viele Sprossen und Samen – sie machen mich frisch und munter.

- 2 Handvoll Spinat
- 2 Birnen

- 1 Limette
- 2 Handvoll Sonnenblumensprossen
- 1 Avocado

1 Den Spinat verlesen, putzen, waschen und abtropfen lassen. Die Birnen waschen halbieren, entkernen und in größere Stück schneiden. Den Saft der Limette auspresse Mit Spinat, Birnen, Sonnenblumensprosse und 300 ml Wasser in einen Mixer geben pürieren.
2 Die Avocado halbieren, die Hälften ents nen, schälen und in Stücke schneiden. Die Avocadostücke in den Mixer geben und pı rieren. Je nach gewünschter Konsistenz et mehr Wasser dazugießen. Den Smoothie i zwei Gläser füllen.

MITTAGS

APFEL-FELDSALAT

Für 2 Portionen | Zubereitungszeit 10 Minuten

Eine herrliche Mischung für einen wunderbaren Tag! Sie können die getrockneten Moosbeeren auch gegen Granatapfelkerne austauschen, die am Morgen vielleicht übrig geblieben sind.

- ca. 70 g Feldsalat
- 2 rote Äpfel
- 50 g Kürbiskerne
- 3 EL Olivenöl
- 1 EL Apfelweinessig
- 1 Prise Salz
- 1 Prise Pfeffer
- 50 g Pekannüsse
- 60 g getrocknete Moosbeeren

1 Den Salat putzen, waschen und trocken schleudern. Die Äpfel waschen, schälen, vierteln und in dünne Scheiben schneiden. Den Salat mit Apfelscheiben und Kürbiskernen in

Schüssel mischen. Das Olivenöl
lessig darüberträufeln. Mit Salz
ürzen. Pekannüsse und Moos-
pping auf dem Salat verteilen.

eine Melonensorte (mit Kernen!),
en, und essen Sie, bis Sie satt

GAZPACHO

| Zubereitungszeit 5 Minuten

Wenn Sie mehr Protein wünschen, bestreuen Sie die Suppe zusätzlich mit verschiedenen Nüssen und Samen.

- 5 Stangen Staudensellerie
- 3 Tomaten
- 1 Stück Gurke (ca. 15 cm)
- 1 Bund Basilikum
- 6 sonnengetrocknete Tomaten
- 1–2 EL Zitronensaft
- Kräutersalz (nach Belieben)
- 3 EL Cashewnüsse (nach Belieben)

1 Das Gemüse waschen. Den Staudensellerie putzen. Tomaten, Staudensellerie und Gurke in Stücke schneiden. Das Basilikum waschen und trocken schütteln.
2 Die Gemüsestücke mit Basilikum samt Stielen, getrockneten Tomaten und 100–200 ml Wasser in einen Mixer geben und pürieren.
3 Mit Zitronensaft und nach Belieben mit Kräutersalz abschmecken. Die Suppe nach Belieben mit Cashewnüssen bestreut servieren.

TAG 4 – DONNERSTAG

Sie detoxen bereits den vierten Tag. Vielleicht fühlen Sie sich heute besonders hungrig, weil die Rezepte gestern etwas leichter waren. Deshalb dürfen Sie Ihren Tag mit etwas Kräftigerem beginnen, mit Buchweizen, Rosinen, Nüssen und Äpfeln. Auf den grünen Smoothie am Vormittag folgt mittags ein Salat mit herrlich knackigen Mungobohnensprossen. Am Nachmittag gibt es Apfeltarte. Wer möchte, kann die Mandeln für abends und auch die Walnusskerne für den Snack am Nachmittag einweichen. Weil die Nüsse dadurch weicher werden, hat der Teig für die Tarte aber nicht die richtige Krümelteig-Konsistenz. Den Salbei zur Abendmahlzeit können Sie frisch oder getrocknet verwenden. Falls Sie frischen Salbei nehmen, bereiten Sie einen Tee aus 300 ml Wasser und 6 Salbeiblättern zu. Den Tee 10 Minuten ziehen lassen und vor dem Essen trinken – Salbei reinigt Körper und Geist. Und in der Nacht? Träumen Sie schön!

VORBEREITUNGEN

Fürs Frühstück

- Buchweizen 8 Stunden oder über Nacht einweichen.
- Sonnenblumenkerne 4 Stunden oder über Nacht und Rosinen 4–8 Stunden einweichen.

Für nachmittags

- Je nach Wahl Walnüsse einweichen.

Fürs Abendessen

- Mandeln 8 Stunden einweichen.

MORGENS

BUCHWEIZEN MIT APFEL UND DATTELN

Für 2 Portionen | Zubereitungszeit 10 Minuten

Sie können den Buchweizen auch keimen lassen und anschließend im Ofen trocknen. Er wird dann knackiger, hält sich länger und ist fertig, wenn Sie Ihre Morgenmahlzeit aufpeppen möchten. Das braucht aber Zeit. Im Bonusrezept auf Seite 125 wird erklärt, wie es geht. Dasselbe können Sie auch mit den Sonnenblumenkernen tun.

- 75 g Buchweizen
- 75 g eingeweichte Sonnenblumenkerne
- 35 g eingeweichte Rosinen
- 1 Apfel
- 5 Datteln
- ½ TL Zimtpulver

1 Den eingeweichten Buchweizen gründlich waschen. Den Buchweizen, die Sonnenblumenkerne und Rosinen in einem Sieb abtropfen lassen. Inzwischen den Apfel waschen, in Viertel schneiden und entkernen. Die Datteln entsteinen. Apfel und Datteln in kleine Stücke schneiden. Beides mit Buchweizen, Sonnenblumenkernen, Rosinen und Zimtpulver in einer Schüssel mischen.

VORMITTAGS

LOVE THE GREENS

Für 2 Portionen | Zubereitungszeit 5 Minuten

Ich liebe grüne Smoothies! Morgens, mittags oder zwischendurch – ich könnte sie immer trinken! Probieren Sie heute diese cremige Variante mit Avocado.

- 3 Handvoll Spinat
- 1 Apfel
- ½ Gurke
- ½ Avocado

1 Den Spinat verlesen, putzen, waschen und trocken schleudern. Apfel und Gurke ebenfalls waschen. Den Apfel vierteln, entkernen und in Stücke schneiden. Die Gurke ebenfalls klein schneiden.
2 Spinat, Apfel, Gurke und 300 ml Wasser in einen Mixer geben und pürieren. Die Avocado schälen, entsteinen und in Stücke schneiden. Die Avocadostücke in den Mixer geben und pürieren. Je nach gewünschter Konsistenz noch 200 ml Wasser untermixen.

MITTAGS

MARINIERTE MUNGOBOHNENSPROSSEN

Für 2 Portionen | Zubereitungszeit 10 Minuten | Marinieren 30–60 Minuten

Wenn Sie keine Mungobohnen mögen, nehmen Sie andere Sprossen. Grüne Linsenkeimlinge gehören beispielsweise zu meinen Favoriten. Auf Seite 54 finden Sie weitere Beispiele, die sich zum Keimen eignen.

- 1 kleine Gurke
- 1 Tomate
- 1 kleiner Brokkoli
- 60 g Champignons
- 2 Frühlingszwiebeln
- 55 g Mungobohnensprossen
- 1 Handvoll Spinat

MARINADE

- 1 Bund Dill
- 75 ml Tamari-Sojasauce
- 2 EL frisch gepresster Zitronensaft
- 2 TL Kurkumapulver

1 Das Gemüse waschen und putzen. Gurke, Tomate und Brokkoli in kleine Stücke schneiden. Die Champignons putzen, abreiben und in dünne Scheibchen schneiden. Die Frühlingszwiebeln putzen, waschen und in feine Ringe schneiden.
2 Die Sprossen waschen und abtropfen lassen. Gurke, Tomaten, Brokkoli, Champignons, Frühlingszwiebeln, Sprossen und Spinat in eine Schüssel geben.
3 Für das Dressing den Dill waschen, trocken schütteln und fein hacken. Die Tamari-Sojasauce mit Zitronensaft, Kurkumapulver und 250 ml Wasser in einer Schüssel verrühren oder in einem Shaker schütteln. Den Dill untermischen.
4 Das Dressing zum Salat geben und vorsichtig untermischen.

NACHMITTAGS

APFELTARTE MIT DATTELN

Für 3–4 Portionen | Zubereitungszeit 15 Minuten

Ich kann eigentlich immer Apfeltarte essen. Vielleicht wird es Ihnen nach dem ersten Versuch genauso gehen.

BODEN

- 180 g Walnüsse
- 120 g Datteln
- 1 Prise Salz
- 1 EL Olivenöl
- 2 EL Honig

TOPPING

- 4 Äpfel
- ½ Zitrone
- 2 EL Flohsamenschalen (Psyllium, oder gemahlene Leinsamen)
- 1 TL Zimtpulver

1 Für den Boden die Walnüsse fein mahlen. Die Datteln entsteinen und klein schneiden. Die gemahlenen Nüsse mit Datteln, Salz, Olivenöl und Honig zu einem Teig verarbeiten, bis alles gut gemischt ist. Den Teig als Boden in eine kleine Tarteform (20 cm Ø) drücken.

2 Äpfel waschen, vierteln, entkernen und in Stücke schneiden. Den Saft der Zitronenhälfte auspressen. Apfelstücke, Zitronensaft und Flohsamenschalen in einem Mixer pürieren, bis die Masse cremig ist. Die Masse auf den Tarteboden streichen. Mit Zimtpulver bestreut servieren.

ABENDS

MANDEL-WEIẞKOHL-BROT

Für 2 Portionen | Zubereitungszeit 15 Minuten

Servieren Sie dieses Brot mit Salat und Tomatenscheiben. Der Weißkohl enthält entzündungshemmende Substanzen und die Mandeln viel Kalzium, das stärkt die Knochen. Ein gutes Essen für starke Beine!

- 65 g ungeschälte Mandeln
- 65 g Weißkohl
- 1 kleiner Apfel
- 1 kleine Stange Lauch
- 30 g Alfalfa-Sprossen
- ½ TL Anissamen
- 1 EL frisch gehackter Salbei
- 1 TL Tamari-Sojasauce

1 Die eingeweichten Mandeln fein hacken. Den Weißkohl putzen, waschen und grob raspeln. Den Apfel waschen, vierteln, entkernen und fein raspeln. Den Lauch putzen, gründlich waschen und fein hacken. Die Sprossen waschen und abtropfen lassen. Die gehackten Mandeln mit Weißkohl, Apfel, Lauch, Sprossen, Anissamen, Salbei und Tamari-Sojasauce gut vermischen. Die Mischung zu einem Laib formen.

TAG 5 – FREITAG

Nach diesem Tag müssen Sie nur noch zwei Tage durchhalten! Bestimmt fällt es Ihnen mit jedem Tag leichter, die Kur durchzustehen. Und inzwischen haben Sie auch viel Erfahrung bei der Zubereitung der Rohkostgerichte sammeln können.

Die Sesamsahne zum Obstsalat ist sehr lecker und macht die Mahlzeit sättigender. Der Apfel-Fenchel-Salat schmeckt immer gut, nicht nur zum Mittagessen, sondern er macht sich auch gut auf einem Rohkost-Buffet. Der Fenchel lässt unser Blut in den Gefäßen leichter fließen. Und ich bin mir sicher, dass Sie die Zwischenmahlzeit am Nachmittag lieben werden – sie ist ein wahrer Vanilletraum!

Der rohe Blumenkohl für den Blumenkohl-Couscous lässt sich prima in der Küchenmaschine oder mit einem Gemüsehobel zerkleinern. Hierfür kann man ebenso gut Brokkoli nehmen.

VORBEREITUNGEN

Fürs Frühstück

- Feigen 4–8 Stunden einweichen.

Für vormittags

- Tiefgekühlte Beeren auftauen oder nach Belieben unaufgetaut für einen kalten Smoothie verwenden.

MORGENS

OBSTSALAT MIT SESAMSAHNE

Für 2 Portionen | Zubereitungszeit 10 Minuten

Sesamsamen enthalten viel Kalzium. Zur Rohkost verwendet man am besten die ungeschälten und ungerösteten Samen.

- 10 Erdbeeren (frisch oder tiefgekühlt)
- 1 Sharonfrucht
- 2 Nektarinen

SESAMSAHNE

- 60 g ungeschälte Sesamsamen
- 3 eingeweichte Feigen

1 Frische Erdbeeren waschen, putzen und je nach Größe halbieren oder vierteln. Sharonfrucht und Nektarinen waschen und die Nektarinen entsteinen. Die Früchte in mundgerechte Stückchen schneiden und in einer Schüssel mischen.
2 Für die Sesamsahne die Sesamsamen, Feigen und 200 ml Wasser in einen Mixer geben und glatt pürieren. Je nach gewünschter Konsistenz noch 100 ml Wasser untermixen. Den Obstsalat mit der Sesamsahne servieren.

VORMITTAGS
GRÜNROTER SMOOTHIE

Für 2 Portionen | Zubereitungszeit 5 Minuten

Morgens, mittags, abends oder zwischendurch – wählen Sie selbst, wann Sie einen nahrhaften Smoothie trinken wollen! Wenn Sie keine frischen Mangos bekommen, kaufen Sie tiefgekühlte. Ich kaufe oft größere Mengen, wenn sie im Angebot sind, und friere sie dann in Stückchen ein. Mango enthält viel Karotin, das ist gut für Augen, Haut und Knochen.

- 2 Mangos
- 100 g Himbeeren (frische oder tiefgekühlte)
- 200 g Erdbeeren (frische oder tiefgekühlte)
- 1 Handvoll Salatblätter (z. B. Spinat oder Romanasalat)

1 Die Mangos schälen, das Fruchtfleisch erst vom Stein dann in Stücke schneiden. Die frischen Himbeeren verlesen. Frische Erdbeeren waschen, putzen und je nach Größe halbieren. Die Salatblätter waschen und trocken schütteln. Alle vorbereiteten Zutaten in einen Mixer geben und mit 100–200 ml Wasser cremig pürieren.

MITTAGS
APFEL-FENCHEL-SALAT

Für 2 Portionen | Zubereitungszeit 10 Minuten

Gerade durch seinen anisähnlichen Geschmack passt der Fenchel gut zu roten Äpfeln. Wenn man ihn roh verwendet, bleibt außerdem das Vitamin C erhalten, das beim Erhitzen so leicht zerstört wird.

- 2 rote Äpfel
- 1 kleiner Fenchel
- ½ rote Zwiebel
- 4 große Handvoll Salatblätter (z. B. Lollo rosso)

DRESSING

- 1 EL Apfelessig
- 1 EL Olivenöl
- 1 Prise Salz
- 1 EL flüssiger Honig

TOPPING

- 35 g Kapern
- ½ Bund Schnittlauch

1 Die Äpfel waschen, halbieren, entkernen und in Streifen schneiden. Den Fenchel waschen, putzen, halbieren, vom mittleren Strunk befreien und in Streifen schneiden. Die Zwiebel schälen und in Streifen schneiden. Die Salatblätter waschen und trocken schleudern. Alles mischen.
2 Für das Dressing den Apfelessig mit Olivenöl, Salz und flüssigem Honig verrühren. Das Dressing über den Salat träufeln. Die Kapern abtropfen lassen. Den Schnittlauch waschen und in Röllchen schneiden. Den Salat mit Kapern und Schnittlauchröllchen bestreuen.

NACHMITTAGS

DATTEL-NUSS-BÄLLCHEN

Für 2 Portionen | Zubereitungszeit 10 Minuten

Ungesalzene rohe Macadamianüsse sind sehr lecker und cremig, aber nicht überall erhältlich. Wenn Sie keine finden, wählen Sie je nach Geschmack eine andere Nusssorte.

- 240 g Macadamianüsse
- 1 TL Vanillepulver
- 300 g Datteln

1 Die Macadamianüsse in der Küchenmaschine mahlen. Das Vanillepulver hinzufügen und noch einmal mahlen. Die Datteln entsteinen, hinzufügen und alles zu einer formbaren Masse verarbeiten. Aus der Masse 15 Bällchen formen und etwa 30 Minuten kalt stellen.

ABENDS

BLUMENKOHL-COUSCOUS

Für 2 Portionen | Zubereitungszeit 20 Minuten

Roher Blumenkohl lässt sich gut in der Küchenmaschine zerkleinern und wie hier mit frisch gehackten Kräutern mediterran würzen.

- 1 Kopf Blumenkohl
- 2 Tomaten
- 1 Stück Gurke (ca. 10 cm)
- ½ rote Paprikaschote
- je ½ Bund Minze, Koriandergrün, Basilikum, Schnittlauch
- 45 g Sonnenblumensprossen
- 10 schwarze Oliven mit Stein
- 1 EL Olivenöl
- ½ EL frisch gepresster Limettensaft

1 Den Blumenkohl waschen, putzen und in große Stücke teilen. Die Blumenkohlstücke in der Küchenmaschine so zerkleinern, dass eine körnige, couscousähnliche Konsistenz entsteht. Tomaten und Gurke waschen und in kleine Stücke schneiden. Die Paprikaschote putzen, waschen und ebenfalls klein schneiden. Die Kräuter waschen und trocken schütteln. Minze, Koriandergrün und Basilikum hacken. Den Schnittlauch in Röllchen schneiden. Die Sprossen waschen und abtropfen lassen.
2 Den Blumenkohl mit Tomaten, Gurke, Paprikaschote, Kräutern, Oliven und Sprossen in einer Schüssel mischen. Das Olivenöl und den Limettensaft darüberträufeln.

TAG 6 – SAMSTAG

Ein bisschen Luxus gibt es morgens am Wochenende: cremige Mandelmilch, Gojibeeren und Kakaonibs. Die Mandelmilch für den Sonntag können Sie heute schon zubereiten. Wer möchte, bereitet auch gleich eine größere Menge Granola zu – das gibt es zum Frühstück in der nächsten Woche nach der Detox-Kur. Die grünen Smoothies am Vormittag sind jetzt schon zur Gewohnheit geworden und bleiben es hoffentlich auch nach der Kur!

Der Salat zum Mittagessen ist thailändisch inspiriert und ein Feuerwerk der Aromen. Laden Sie jemanden dazu ein oder bieten Sie ihn der Familie als Beilage oder Vorspeise an.
Wie kann man aus Avocado und ein paar anderen Zutaten eine traumhaft leckere Schokoladenmousse zubereiten? Es ist kaum zu glauben, aber in nur fünf Minuten ist sie fertig. Den Tag runden Sie mit einer leichten Suppe mit Basilikum garniert ab. Morgen dürfen Sie feiern!

VORBEREITUNGEN

Fürs Frühstück

- Die Mandeln für Mandelmilch einweichen.

Für vormittags

- Eventuell Blaubeeren auftauen.

Für nachmittags

- Eventuell Himbeeren auftauen.

MORGENS

LUXUS-GRANOLA

Für 4 Portionen | Zubereitungszeit 10 Minuten

Es ist einfach, Granola selbst herzustellen und es schmeckt viel besser als gekauftes! Bereiten Sie eine große Menge zu, dann ist für morgens, mittags und abends oder für zwischendurch immer etwas da. Servieren Sie die Granola mit kalter Mandelmilch und der Morgen beginnt gleich mit einem Verwöhnprogramm.

GRANOLA

- 90 g Walnüsse
- 30 g getrocknete Datteln
- 20 g Gojibeeren
- 1 Prise Salz
- 1 TL Vanillepulver
- 4 EL Kakaonibs

MANDELMILCH FÜR 2 TAGE
- 65 g eingeweichte ungeschälte Mandeln
- 1 TL Honig

1 Für die Granola die Walnüsse grob hacken. Die Datteln entsteinen und in kleine Stückchen schneiden. Die Nüsse mit Datteln, Gojibeeren, Salz, Vanillepulver und Kakaonibs in einer Schüssel mischen.
2 Für die Mandelmilch die Mandeln mit 500 ml Wasser im Mixer pürieren. Die Mandelmilch durch einen Nussmilchbeutel oder ein Sieb gießen und auffangen. Dabei die Masse eventuell mit der Löffelrückseite durchpressen.
3 Den Honig untermixen. Die Hälfte der Mandelmilch mit Granola servieren. Den Rest für den nächsten Tag kalt stellen.

VORMITTAGS

BLAUGRÜNER SMOOTHIE

Für 2 Portionen | Zubereitungszeit 5 Minuten

Auf los geht´s los mit einem grünen Smoothie!

- 35 g Babyspinat
- 300 g Blaubeeren
- 2 grüne Äpfel
- 1 Zitrone

1 Den Babyspinat verlesen, waschen und abtropfen lassen. Die Blaubeeren waschen, verlesen und abtropfen lassen.
2 Die Äpfel waschen, vierteln, entkernen und in Stücke schneiden. Den Saft der Zitrone ganz auspressen.
3 Spinat, Blaubeeren, Äpfel, Zitronensaft und 300 ml Wasser in einem Mixer pürieren. Je nach gewünschter Konsistenz noch 100 ml Wasser untermixen.

MITTAGS

THAISALAT

Für 2 Portionen | Zubereitungszeit 20 Minuten

Frischer Koriander mit knackigen Bohnensprossen, herrlichem Gemüse und einem Dressing aus Zitrusfrüchten – das ergibt eine geschmackliche Sensation! Wenn Sie Lust haben, können Sie gerne mit den Händen essen, die Salatblätter benutzen Sie dabei wie kleine Schalen. Die Mango enthält Enzyme für eine gute Verdauung.

- 2 Mangos
- ½ rote Paprikaschote
- ½ gelbe Paprikaschote
- 3 Frühlingszwiebeln
- 80 g Zuckerschoten
- 1 Möhre
- 1 Rote Bete
- 45 g Bohnensprossen
- 4 Salatblätter (z. B. Romanasalat)
- 1 Bund Koriandergrün
- 65 g ungeschälte Mandeln

DRESSING
- 1 Orange
- 1 Limette
- 1 Stück frischer Ingwer (ca. 2 cm)

- 2 EL Olivenöl
- 1 EL Sesamsamen
- ½ TL Salz

1 Die Mangos schälen, das Fruchtfleisch zuerst vom Stein und dann in schmale Streifen schneiden. Die Paprikahälften, Frühlingszwiebeln und Zuckerschoten putzen, waschen und ebenfalls in schmale Streifen schneiden. Möhre und Rote Bete schälen und in dünne Streifen schneiden. Sprossen und Salatblätter waschen und abtropfen lassen. Das Koriandergrün waschen und trocken schütteln. Koriandergrün und Mandeln grob hacken.
2 Für das Dressing den Saft der Orange und Limette auspressen. Den Ingwer schälen und fein reiben. Orangen- und Limettensaft mit Ingwer, Olivenöl, Sesamsamen und Salz verrühren. Das Dressing mit den Salatzutaten mischen. Den Salat in einer Schüssel anrichten, mit Mandeln und Koriandergrün bestreuen.

NACHMITTAGS

SCHOKOLADEN-AVOCADO-MOUSSE

Für 2 Portionen | Zubereitungszeit 10 Minuten

Rohes Kakaopulver enthält eine Menge Magnesium, Eisen und Antioxidanzien. Zusammen mit den anderen Zutaten ist diese Zwischenmahlzeit eine wahre Vitaminbombe. Das Mousse schmeckt auch am nächsten Tag noch, bereiten Sie eine größere Menge zu.

- 30 g Himbeeren (frische oder tiefgekühlte)
- 2 EL Kokosöl
- 8 Datteln
- 4 EL Kakaopulver
- 1 Msp. Vanillepulver
- 1 EL Honig
- 2 Avocados

1 Frische Himbeeren verlesen oder tiefgekühle Beeren auftauen lassen. Das Kokosöl in einer Schüssel über einem lauwarmen Wasserbad erwärmen, bis es weich, aber nicht flüssig ist.
2 Die Datteln entsteinen und mit 200 ml Wasser im Mixer pürieren. Kokosöl, Kakaopulver, Vanillepulver und Honig hinzufügen und untermixen.
3 Die Avocados halbieren, entsteinen, schälen und klein schneiden. In den Mixer geben und alles noch einmal kurz pürieren. Die Mousse mit den Himbeeren garniert servieren.

ABENDS

SUPPE MIT TOMATEN UND CASHEWNÜSSEN

Für 1–2 Portionen | Zubereitungszeit 10 Minuten

Es tut dem Körper gut, abends manchmal nur eine Suppe zu essen – Magen und Darm dürfen sich dann über Nacht ausruhen.

- 4 Tomaten
- 2 Möhren
- ½ rote Paprikaschote
- ¼ rote Zwiebel (nach Belieben)
- 1 Knoblauchzehe (nach Belieben)
- 30 g Cashewnüsse
- 1 Prise Salz
- 1 Prise Schwarzpfeffer
- 12 Basilikumblätter

1 Die Tomaten waschen, von den Stielansätzen befreien, in Stücke schneiden und pürieren. Die Möhren putzen, schälen und klein schneiden. Die Paprikahälfte putzen, waschen und ebenfalls in Stücke schneiden. Nach Belieben Zwiebel und Knoblauch schälen. Beides mit den Möhrenstücken in den Mixer geben und kurz untermixen. Die Paprikastücke unterrühren.
2 Die Suppe mit Salz und Pfeffer würzen. Die Basilikumblätter waschen und trocken tupfen. 10 Basilikumblätter zerzupfen und unter die Suppe mischen. Die Suppe mit je 1 Basilikumblatt garniert servieren.

TAG 7 – SONNTAG

Jetzt sind Sie fast am Ziel! Nur noch diesen Tag überstehen, dann haben Sie die 7-Tage-Detox-Kur geschafft! Sie dürfen jetzt stolz auf sich sein. Vergessen Sie nicht das besondere Gefühl, wenn Körper und Geist gereinigt und klar werden, damit können Sie sich immer wieder zum Weitermachen motivieren.
Lesen Sie auf Seite 21 nach, wie Sie nach der Kur weitermachen können. Sie helfen Ihrem Körper, sich kontinuierlich zu reinigen, indem Sie weiterhin 50–80 Prozent Rohkost essen. Schreiben Sie auf, wie Ihre Mahlzeiten mit einem höheren Rohkostanteil aussehen könnten.

Mit frischen oder tiefgekühlten Beeren und Mandelmilch haben Sie einen guten Start in den Tag. Die Gojibeeren machen Sie munter und peppen Ihren Salat auf. Und das Trockenobst macht den Salat besonders lecker.

Feiern Sie Ihren letzten Detox-Tag mit einem Stück Torte. Laden Sie jemanden dazu ein. Bleibt etwas übrig, können Sie den Rest im Kühlschrank zwei Tage aufbewahren. Die Pastete erinnert im Geschmack ein wenig an Lachs. Sie ist leicht und frisch und eine ideale Mahlzeit im Sommer oder Herbst.

VORBEREITUNGEN

Fürs Frühstück

- Blaubeeren und Himbeeren eventuell auftauen lassen. Den Buchweizen etwa 8 Stunden oder über Nacht einweichen.

Für nachmittags

- Getrocknete Feigen und Aprikosen einweichen.

Fürs Abendessen

- Mandeln und Sonnenblumenkerne 4–8 Stunden einweichen.

MORGENS

MANDELMILCH UND BEEREN

Für 2 Portionen | Zubereitungszeit 5 Minuten

Milch und Beeren sind für Rohköstler ein Sommerklassiker und mit Buchweizen kombiniert werden Sie auch schön satt.

- 225 g Buchweizen
- 100 g Himbeeren (frische oder tiefgekühlte)
- 100 g Blaubeeren (frische oder tiefgekühlte)
- 100 g Erdbeeren (frische oder tiefgekühlte)
- Mandelmilch vom Vortag

1 Den eingeweichten Buchweizen gründlich abspülen und abtropfen lassen. Frische Himbeeren und Blaubeeren verlesen. Frische Erdbeeren waschen und putzen. TK-Beeren auftauen lassen.
2 Beeren und Buchweizen mischen, auf tiefe Teller verteilen und die Mandelmilch vom Vortag darübergießen.

VORMITTAGS

LIMETTEN-SMOOTHIE

Für 2 Portionen | Zubereitungszeit 5 Minuten

Ein cremiger und grüner Smoothie mit einem Schuss erfrischenden Limettensaft!

- 1 Avocado
- 2 Handvoll Spinat
- ½ Gurke
- 1 Limette

1 Die Avocado halbieren, entsteinen, schälen und in Stücke schneiden.
2 Den Spinat verlesen, waschen und trocken schleudern. Die Gurke waschen und in Stücke schneiden. Den Saft der Limette auspressen.
3 Avocado, Spinat, Gurkenstücke, Limettensaft und 200 ml Wasser in einem Mixer pürieren, bis der Smoothie cremig ist. Je nach gewünschter Konsistenz noch 100 ml Wasser untermixen.

MITTAGS

SPINAT-GOJIBEEREN-SALAT

Für 2 Portionen | Zubereitungszeit 10 Minuten

Die besten Salate entstehen, wenn ich das nehme, was ich vorrätig habe. Seien Sie kreativ mit den vorhandenen rohen Zutaten, wenn Sie Rohkost zubereiten.

- 100 g Babyspinat
- 2 Äpfel
- 3 EL Walnüsse
- 20 g Gojibeeren
- 25 g Sonnenblumenkerne
- 25 g Kürbiskerne
- 30 g Pistazienkerne
- 1 EL Olivenöl
- 2 Avocados
- einige Spritzer Zitronensaft

1 Spinat verlesen, waschen, trocken schleudern und anrichten. Äpfel waschen, vierteln, entkernen und klein würfeln. Walnüsse grob hacken. Apfelwürfel, Gojibeeren, Sonnenblumenkerne, Kürbis- und Pistazienkerne auf dem Spinat verteilen. Olivenöl darüberträufeln.
2 Die Avocados halbieren, entsteinen, schälen und in Scheiben schneiden. Die Avocadoscheiben auf den Salat legen und mit Zitronensaft beträufeln. Den Salat sofort servieren.

NACHMITTAGS

DETOX-TORTE

Für 4–6 Portionen | Zubereitungszeit 15–20 Minuten | Kühlen 1 Stunde

Gratuliere! Feiern Sie mit einer Detox-Torte Ihren Erfolg. Wenn Sie den Boden nussfrei wünschen, ersetzen Sie die Kokosflocken durch Leinsamen und Sonnenblumenkerne.

BODEN

- 60 g Datteln
- 125 g eingeweichte Feigen
- 70 g eingeweichte Aprikosen
- 35 g Kokosflocken
- 1 EL Carobpulver
- aberiebene Schale von 1 Bio-Zitrone

FÜLLUNG

- 2 Bananen
- 2 Äpfel
- ½ Zitrone

TOPPING

- Beeren und Früchte der Saison

1 Für den Boden die Datteln entsteinen. Mit Feigen und Aprikosen in der Küchenmaschine pürieren. Kokosflocken, Carobpulver und Zitronenschale untermixen. Die Masse als Boden in eine kleine Tarteform (20 cm Ø) drücken.
2 Für die Füllung Bananen schälen und in Stücke schneiden. Die Äpfel waschen, vierteln, entkernen und in Stücke schneiden. Den Saft der Zitronenhälfte auspressen. Äpfel und Zitronensaft mit den Bananen in den Mixer geben und pürieren. Die Füllung auf der Masse in der Form verteilen.
3 Die Beeren verlesen. Die Früchte waschen, putzen und in Stücke schneiden. Beides auf der Fruchtmasse verteilen. Die Torte etwa 1 Stunde kalt stellen, dann servieren.

ABENDS

ROHKOSTPASTETE

Für 2 Portionen | Zubereitungszeit 10 Minuten

Man kann sie einfrieren und dann einige Stunden vor dem Servieren auftauen. Servieren Sie einen Rucola- oder Spinatsalat dazu.

- 1 Möhre
- 1 Frühlingszwiebel
- ½ Bund Dill
- 75 g eingeweichte Sonnenblumenkerne
- 100 g eingeweichte ungeschälte Mandeln
- 1 Prise Salz
- einige Spritzer Zitronensaft

GARNIERUNG

- 70 g Blattsalat (z. B. Rucola, Spinat)
- 1 Bio-Zitrone
- 2 Stiele Dill

CASHEW-CRÈME-FRAÎCHE

- 60 g Cashewnüsse
- 2 EL Zitronensaft
- ½ Bund Dill
- ½ Bund Schnittlauch

1 Die Möhre putzen, schälen und in kleine Stückchen schneiden. Die Frühlingszwiebel putzen, waschen und fein hacken. Den Dill waschen, trocken schütteln und ebenfalls fein hacken. Möhrenstückchen, Frühlingszwiebel, Dill, Sonnenblumenkerne, Mandeln, 2 EL Wasser, Salz und Zitronensaft in einer Küchenmaschine verarbeiten. Die Masse zu einer Pastete formen.
2 Zum Garnieren den Salat waschen und trocken schleudern und auf einer Platte verteilen. Die Pastete daraufsetzen. Die Zitrone heiß waschen, abtrocknen und in Scheiben schneiden. Den Dill waschen und trocken schütteln. Die Zitronenscheiben rundherum auf die Pastete legen. Den Dill obendrauf legen.
3 Die Cashewnüsse fein mahlen, mit 200 ml Wasser und Zitronensaft verrühren. Dill und Schnittlauch waschen und trocken schütteln. Den Dill hacken und den Schnittlauch in Röllchen schneiden. Beides unter die Creme rühren. Die Creme in eine Schüssel füllen und mit der Pastete servieren.

SMOOTHIES –

YUMMIE!

Smoothies können das perfekte Frühstück, die optimale Zwischenmahlzeit, ein Mittagessen auf die Schnelle oder eine leichte Abendmahlzeit sein – mal luxuriös und lecker oder mal süß und beerig. Smoothies lassen sich bis ins Unendliche variieren mit verschiedenen rohen Zutaten, Gewürzen, Nüssen, Samen, Beeren, Früchten – ja, fast alles, was Sie mögen, können Sie zu einem leckeren Smoothie mixen. Man kann große Mengen grüne Blätter wie Spinat, Rucola, Salat, Feldsalat, Giersch, Brennnesseln, Romanasalat und Löwenzahnblätter mit Früchten zu leckeren Smoothies mixen. Als Faustregel beim Mixen grüner Smoothies gilt: Etwa 40 Prozent grüne Blätter und 60 Prozent Obst oder anderes Gemüse und Wasser mixen. Die Wassermenge richtet sich nach der gewünschten Konsistenz. Mit eingeweichtem Trockenobst, Banane, Avocado, eingeweichten Chia- oder Leinsamen wird der grüne Smoothie noch etwas cremiger. Legen Sie einfach los und probieren Sie aus, welche Smooties Ihnen am besten schmecken!

WASSERMELONEN-
SLUSH

WENN MAN IM SOMMER LUST AUF WASSERMELONE HAT, KAUFT MAN EINE GROSSE ROTE WASSERMELONE, ISST SICH SATT UND FRAGT SICH DANN, WAS MAN WOHL MIT DEM REST MACHEN SOLL. AM BESTEN IN STÜCKE SCHNEIDEN UND EINFRIEREN. MAN KANN DANN DARAUS EIN SUPERLECKERES SORBET, EINEN SLUSH ODER MILCHSHAKE MACHEN!

Für 2 Portionen | Zubereitungszeit 5 Minuten

350 g Wassermelone
100 ml Mandelmilch (siehe Seite 98)

1 Die Wassermelone in Stückchen schneiden und etwa 24 Stunden ins Tiefkühlfach stellen.

2 Am nächsten Tag die gefrorenen Melonenstückchen und die Mandelmilch in einen leistungsstarken Mixer oder in eine Küchenmaschine geben und cremig mixen.

GRÜNER NEKTARINEN-
SMOOTHIE

NEKTARINEN MACHEN DIESEN GRÜNEN SMOOTHIE LECKER UND SCHÖN CREMIG. VERWENDEN SIE AUCH MAL PFIRSICHE ODER APRIKOSEN, WENN SIE KEINE REIFEN NEKTARINEN BEKOMMEN KÖNNEN.

Für 2 Portionen | Zubereitungszeit 5 Minuten

6 Nektarinen
2 Handvoll Spinat (oder Wildkräuter, z. B. Giersch, Brennnesseln, Löwenzahn, Frauenmantel, Schwarze Johannisbeerblätter)

1 Die Nektarinen waschen, halbieren, entsteinen und in kleine Stücke schneiden. Den Spinat verlesen, putzen, waschen und trocken tupfen. Die Nektarinenstücke, den Spinat und 500 ml Wasser in einen Mixer geben und cremig pürieren. Den Smoothie in Gläser füllen.

GRÜNER SALAT-
SMOOTHIE

AUCH AUS SALAT UND GEMÜSE KÖNNEN SIE EINEN SMOOTHIE MIXEN. PROBIEREN SIE MAL DIESE MISCHUNG, SIE WERDEN BEGEISTERT SEIN.

Für 2 Portionen | Zubereitungszeit 10 Minuten | Einweichen 30 Minuten

4 EL Gojibeeren
½ Stange Staudensellerie
⅓ Gurke
1 Apfel
½ Kopfsalat
1 Handvoll Spinat
3 EL Honig

1 Die Gojibeeren in eine Schüssel geben, mit Wasser bedecken und etwa 30 Minuten einweichen. Inzwischen Staudensellerie, Gurke und Apfel waschen. Staudensellerie und Gurke in Stücke schneiden. Den Apfel vierteln, entkernen und ebenfalls in Stücke schneiden. Den Kopfsalat putzen, waschen und die Blätter zerzupfen. Den Spinat verlesen, putzen, waschen und abtropfen lassen.

2 Gojibeeren, Staudensellerie, Gurke, Apfel, Kopfsalat, Spinat und Honig in einen Mixer geben und alles pürieren. Dann so viel Wasser dazugießen, bis der Smoothie eine cremige Konsistenz hat. Den Smoothie in Gläser füllen.

GREEN GINGER

FRISCHER INGWER STÄRKT IHR IMMUNSYSTEM UND SORGT FÜR EINE STABILE GESUNDHEIT.

Für 2 Portionen | Zubereitungszeit 5 Minuten

2 Birnen
1 Banane
1 Stück frischer Ingwer (ca. 2 cm)
2 Handvoll Babyspinat

1 Die Birnen waschen, vierteln, entkernen und in Stücke schneiden. Die Banane schälen und ebenfalls in Stücke schneiden. Den Ingwer schälen. Den Blattspinat verlesen, putzen, waschen und abtropfen lassen.

2 Birnen- und Bananenstücke, Ingwer, Blattspinat und 300 ml Wasser in einen Mixer geben und alles cremig pürieren. Je nach gewünschter Konsistenz noch 100 –200 ml Wasser untermixen. Den Smoothie in Gläser füllen.

GRAPEFRUIT-
SMOOTHIE MIT MINZE

WENN SIE DEN SMOOTHIE KALT GENIESSEN MÖCHTEN, VERWENDEN SIE TIEFGEKÜHLTE ERDBEEREN. DANN SCHMECKT ER FRISCH UND LECKER!

Für 1 Portion | Zubereitungszeit 5 Minuten

1 Grapefruit
7 Erdbeeren (frische oder tiefgekühlte)
1 Stängel frische Minze (oder nach Geschmack)

1 Den Saft der Grapefruit auspressen. Die frischen Erdbeeren waschen (tiefgekühlte Erdbeeren auftauen lassen), putzen und je nach Größe halbieren. Die Minze waschen, trocken schütteln und die Blätter abzupfen.

2 Grapefruitsaft und Erdbeeren in einen Mixer geben und fein pürieren. Die Minze dazugeben und noch einmal kurz mixen. Den Smothie in ein Glas füllen.

Tipp
Es gibt Minzesorten, die sehr intensiv im Geschmack sind. Wenn Sie das nicht mögen, mixen Sie etwas flüssigen Honig unter.

BLAUER SPROSSEN-SMOOTHIE

MIT TIEFGEKÜHLTER BANANE WIRD DIESER SMOOTHIE MEHR WIE EIN »MILCHSHAKE«, ABER SIE KÖNNEN NATÜRLICH AUCH FRISCHE BANANE VERWENDEN. ICH HABE IMMER BANANENSTÜCKE IM TIEFKÜHLFACH.

Für 1–2 Portionen | Zubereitungszeit 5 Minuten | Einweichen 4 Stunden

3 Feigen
3 tiefgekühlte Bananen
60 g Blaubeeren
1 große Handvoll Sonnenblumensprossen

1 Die Feigen 2–4 Stunden einweichen. Die Blaubeeren verlesen, waschen und trocken tupfen. Die Sprossen waschen und abtropfen lassen.

2 Dann die eingeweichten Feigen mit den unaufgetauten Bananestückchen, Blaubeeren, Sprossen und 200 ml Wasser in einen Mixer geben und cremig pürieren. Je nach gewünschter Konsistenz noch etwas Wasser untermixen. Den Smoothie in Gläser füllen.

ZITRONENMELISSE-SMOOTHIE

FRISCHE KRÄUTER GEBEN SMOOTHIES EINEN INTENSIVEN UND FRISCHEN GESCHMACK. ZITRONENMELISSE MACHT MUNTER UND FRÖHLICH, DA SIE NIEDERGESCHLAGENHEIT, UNRUHE UND SCHLAFSTÖRUNGEN LINDERT.

Für 2 Portionen | Zubereitungszeit 5 Minuten

½ Birne
1 Banane
1 kleine Papaya
1 Bund Zitronenmelisse

1 Die Birnenhälfte entkernen. Die Banane schälen. Die Papaya halbieren, entkernen und die Hälften schälen. Birne, Banane und Papaya in Stücke schneiden. Die Zitronenmelisse waschen und trocken schütteln, die Blätter abzupfen.

2 Birnen-, Bananen- und Papayastücke, Zitronenmelisse und 200 ml Wasser in einen Mixer geben und alles cremig pürieren. Je nach gewünschter Konsistenz noch 100 ml Wasser untermixen. Den Smoothie in Gläser füllen.

KRAFT-SMOOTHIE

SIE KÖNNEN DIE VERSCHIEDENSTEN ZUTATEN FÜR SMOOTHIES VERWENDEN. EXPERIMENTIEREN SIE AB UND ZU MIT IHREN LIEBLINGSZUTATEN. DIESER SMOOTHIE GIBT IHNEN BEISPIELSWEISE EINEN EXTRAKICK AN POWER!

Für 3 Portionen | Zubereitungszeit 10 Minuten

115 g Brombeeren (frische oder tiefgekühlte)
1 Banane
15 Erdbeeren
2 Datteln
1 EL Acaipulver
1 EL Kokosöl
1 EL Kakaobohnen
25 g Hanfsamen
1 EL Macapulver
1 EL Agavensirup oder Honig

1 Frische Brombeeren waschen, verlesen und abtropfen lassen. Tiefgekühlte Brombeeren auftauen lassen. Die Banane schälen und in Stücke schneiden. Die Erdbeeren waschen, putzen und je nach Größe halbieren. Die Datteln entsteinen.

2 Brombeeren, Banane, Erdbeeren, Datteln, Acaipulver, Kokosöl, Kakaobohnen, Hanfsamen, Macapulver, Agavensirup oder Honig und 500 ml Wasser in einen Mixer geben und alles cremig pürieren. Je nach gewünschter Konsistenz etwas mehr Wasser dazugeben. Den Smoothie in Gläser füllen.

NEKTARINEN-ERDBEER-
SMOOTHIE

EINE ERFRISCHENDE ABKÜHLUNG AN EINEM LAUEN SOMMERABEND. DIE LIMETTE VERLEIHT DEM GANZEN EINEN FROZEN-MARGARITA-TOUCH!

Für 2 Portionen | Zubereitungszeit 5 Minuten

1 Die Nektarinen waschen, halbieren, entsteinen und in Stücke schneiden. Frische Erdbeeren waschen, putzen und halbieren.

2 Die Nektarinenstücke mit dem Orangensaft oder 500 ml Wasser in einen Mixer geben und pürieren. Die frischen Erdbeeren hinzufügen und untermixen. Tiefgekühlte Beeren unaufgetaut einzeln während des Mixens dazugeben.

3 Den Saft der Limette auspressen. Limettensaft und Honig dazugeben und alles cremig pürieren. Den Smoothie in Gläser füllen.

2 Nektarinen
25 Erdbeeren (frische oder tiefgekühlte)
500 ml frisch gepresster Orangensaft
1 Limette
2 EL Honig

MORGENKRAFT-
SMOOTHIE

WÄHREND DER ERDBEERSAISON ESSE ICH UNBEGRENZTE MENGEN IN DEN VERSCHIEDENSTEN VARIATIONEN. SIE SIND VOLLER ANTIOXIDANZIEN! WENN SIE ERDBEEREN SELBST PFLÜCKEN, FRIEREN SIE SIE ROH GERÜHRT MIT ETWAS KOKOSPALMENZUCKER EIN.

Für 2 Portionen | Zubereitungszeit 10 Minuten

1 Die Mango schälen, das Fruchtfleisch zuerst vom Stein und dann in Stücke schneiden. Den Spinat verlesen, putzen, waschen und abtropfen lassen. Frische Erdbeeren waschen putzen und je nach Größe halbieren. Tiefgekühlte Beeren auftauen lassen.

2 Mangostücke, Spinat, Erdbeeren, Macapulver und 300 ml Wasser im Mixer cremig pürieren. Den Smoothie in Gläser füllen.

1 große Mango
2 Handvoll Spinat
120 g Erdbeeren (frische oder tiefgekühlte)
1 EL Macapulver

SPINAT-APFEL-
SMOOTHIE

EIN KRAFTVOLLES FRÜHSTÜCK, DAS AUCH ALS ZWISCHENMAHLZEIT, LEICHTES MITTAG- ODER ABENDESSEN GUT SCHMECKT. SIE KÖNNEN DEN MIX SOGAR ALS DESSERT SERVIEREN. DEN SMOOTHIE EINFACH EINFRIEREN UND ALS SORBET GENIESSEN!

Für 2 Portionen | Zubereitungszeit 5 Minuten

1 roter Apfel
3 Handvoll Babyspinat
1 TL Zitronensaft
½ Avocado

1 Den Apfel waschen, vierteln, entkernen und in Stücke schneiden. Den Babyspinat verlesen, putzen, waschen und abtropfen lassen.

2 Den Spinat mit 200 ml Wasser in einen Mixer geben und pürieren. Apfelstücke und Zitronensaft hinzufügen und pürieren. Die Avocadohälfte entsteinen, schälen und in Stücke schneiden. Die Avocadostücke in den Mixer geben und untermixen. Je nach gewünschter Konsistenz noch 100 ml Wasser untermischen. Den Smoothie in Gläser füllen.

Zitrusfrüchte, zum Beispiel Grapefruits, Orangen, Limetten und Zitronen, enthalten das Abwehrvitamin C, aber auch Beta-Carotin, das entwässernde Kalium und zudem noch andere wertvolle Stoffe für den Körper. Schälen Sie die weiße Haut nicht ganz ab, denn in ihr stecken reichlich Flavonoide, die unsere Zellen, auch die der Haut, jung halten.

BIRNENJUICE
SELBST GEMACHT

HERRLICH GRÜNE ENERGIE MIT SÜSSEM BIRNENGESCHMACK! DER SAFT SCHMECKT SUPER ZWISCHENDURCH.

Für 2–4 Portionen | Zubereitungszeit 10 Minuten

9 Birnen
1 Bund Staudensellerie
½ Weißkohl
1 Stück frischer Ingwer (ca. 5 cm)

1 Die Birnen und das Gemüse waschen, putzen und klein schneiden. Den Ingwer schälen und in Stücke schneiden. Die vorbereiteten Zutaten in eine Saftzentrifuge oder einen Entsafter geben und den Saft auffangen.

TRAININGS-
SMOOTHIES

WENN ICH ABENDS INS TRAINING GEHE, BRAUCHE ICH HINTERHER ETWAS SÄTTIGENDES, ETWAS LEICHTES UND DENNOCH ETWAS MIT GENÜGEND INHALTSSTOFFEN. DANN IST DIESER SMOOTHIE GENAU DAS RICHTIGE!

Für 2 Portionen | Zubereitungszeit 10 Minuten

60 g Blaubeeren (frische oder tiefgekühlte)
2 Datteln
½ Banane
400 ml Mandelmilch (siehe Seite 73)
1 EL Acaipulver
½ TL Vanillepulver

1 Frische Blaubeeren waschen, verlesen und abtropfen lassen. Tiefgekühlte Beeren auftauen lassen. Die Datteln entsteinen. Die Banane schälen und in Stücke schneiden.

2 Datteln, Blaubeeren, Bananenstücke, Mandelmilch, Acaipulver und Vanillepulver in einen Mixer geben und cremig pürieren. Den Smoothie in Gläser füllen.

MANGO-ZITRONEN SMOOTHIE

PROBIEREN SIE MAL DIESEN GRÜNEN SMOOTHIE AM MORGEN – EIN HERRLICHER START IN DEN TAG!

Für 2 Portionen | Zubereitungszeit 5 Minuten

2 Handvoll Spinat (ca. 100 g)
2 Mangos
1 Zitrone
1 Prise Salz

1 Den Spinat verlesen, putzen, waschen und abtropfen lassen. Die Mangos schälen, das Fruchtfleisch zuerst vom Stein und dann in Stücke schneiden. Den Saft der Zitrone auspressen.

2 Den Spinat, die Mangostücke, den Zitronensaft, Salz und 250 ml Wasser in einen Mixer geben und alles cremig pürieren. Den Smoothie in Gläser füllen.

FEIGEN-BEEREN-
SMOOTHIE

MANDELMILCH MIT GOJIBEEREN, ERDBEEREN UND FEIGEN – EIN PERFEKTER DRINK FÜR DEN NACHMITTAG, UM BIS ZUM ABENDESSEN DURCHZUHALTEN.

Für 2 Portionen | Zubereitungszeit 5 Minuten | Einweichen 8 Stunden

35 g ungeschälte Mandeln
3 Feigen
4 EL Gojibeeren
60 g Erdbeeren (frische oder tiefgekühlte)
½ Banane
1 TL Honig

1 Aus den Mandeln und 300 ml Wasser etwa 300 ml Mandelmilch zubereiten. Dafür die Mandeln etwa 8 Stunden einweichen, dann enthäuten. Die Mandeln mit 300 ml Wasser im Mixer pürieren. Die Mandelmilch durch ein Haarsieb gießen und auffangen. Die Mandelmasse mit einem Löffel durch das Sieb drücken.

2 Feigen und Gojibeeren in eine Schüssel geben, mit Wasser bedecken und 2–4 Stunden einweichen. Frische Erdbeeren waschen, putzen und je nach Größe halbieren. Tiefgekühlte Erdbeeren auftauen lassen. Die Banane schälen und klein schneiden.

3 Mandelmilch, Feigen, Gojibeeren, Erdbeeren, Banane und Honig in einen Mixer geben und cremig pürieren. Den Smoothie in Gläser füllen.

Gojibeeren sind kleine rote Früchte, schmecken süß und sind voller gesunder Inhaltsstoffe. Die Heimat der getrockneten Früchte des Bocksdorns ist China sowie die Mongolei und sie sind im Bioladen, Reformhaus oder Internetshop erhältlich. In der Traditionellen Chinesischen Medizin werden sie seit Langem bei unterschiedlichen Beschwerden unterstützend eingesetzt. Ihre Polysaccharide (Mehrfachzucker) sollen den Körper besonders wirkungsvoll beim Entgiften unterstützen.

SCHOKO-MINZE-SMOOTHIE

SCHOKOLADE UND MINZE SIND ZWEI GEGENSÄTZE, DIE SICH BESTENS ERGÄNZEN. DIE MINZE GIBT DEM DUNKLEN DRINK EINEN ANGENEHM FRISCHEN TOUCH.

Für 2 Portionen | Zubereitungszeit 5 Minuten

1 Bund Minze
6 Datteln
180 g Cashewnüsse
1 EL Honig
20 g Kakaopulver
Eiswürfel (nach Belieben)

1 Die Minze waschen, trocken schütteln und die Blätter abzupfen. Die Datteln entsteinen. Cashewnüsse und 500 ml Wasser im Mixer pürieren.

2 Minze, Datteln, Honig und Kakaopulver in den Mixer geben und alles cremig pürieren. Je nach gewünschter Konsistenz noch 100–300 ml Wasser untermixen. Nach Belieben Eiswürfel in Gläser geben und den Smoothie dazugießen.

BEERIGE MANDELMILCH

VERWENDEN SIE UNAUFGETAUTE TK-BEEREN FÜR EINEN EISKALTEN SMOOTHIE! ODER WÄHLEN SIE IN DER BEERENSAISON FRISCHE BEEREN UND MIXEN SIE ZUSÄTZLICH EINIGE EISWÜRFEL UNTER.

Für 2 Portionen | Zubereitungszeit 10 Minuten | Einweichen 8 Stunden

130 g ungeschälte Mandeln
40 g Kirschen (frische oder tiefgekühlte)
30 g Blaubeeren (frische oder tiefgekühlte)
30 g Erdbeeren (frische oder tiefgekühlte)
1 EL Kokosöl
2 EL Agavensirup

1 Aus den Mandeln und 500 ml Wasser etwa 500 ml Mandelmilch zubereiten. Dafür die Mandeln etwa 8 Stunden einweichen, dann enthäuten. Die Mandeln mit 500 ml Wasser im Mixer pürieren. Die Mandelmilch durch ein Haarsieb gießen und auffangen. Die Mandelmasse mit einem Löffel durch das Sieb drücken.

2 Frische Kirschen waschen und entsteinen. Frische Blaubeeren waschen, verlesen und abtropfen lassen. Frische Erdbeeren waschen, putzen und je nach Größe halbieren.

3 Mandelmilch, Kirschen, Blaubeeren, Erdbeeren, Kokosöl und Agavensirup in einen Mixer geben und cremig pürieren.

Agavensirup ist ein guter Ersatz für Zucker oder Honig und süßt stärker als Honig. Seien Sie also vorsichtig bei der Dosierung, wenn es nicht so süß sein soll. Je heller der Sirup ist, desto neutraler ist er im Geschmack. Sie können das Süßungsmittel im Bioladen oder Reformhaus kaufen.

PIÑA COLADA

IDEAL ALS ZWISCHENMAHLZEIT ODER FREITAGSDRINK! ANANAS ENTHÄLT VERDAUUNGSFÖRDERNDE ENZYME. VERWENDEN SIE EINE REIFE ANANAS. SIE IST REIF, WENN MAN EINES DER BLÄTTER LEICHT HERAUSZIEHEN KANN.

Für 2 Portionen | Zubereitungszeit 10 Minuten | Einweichen 8 Stunden

65 g ungeschälte Mandeln
½ Banane
5 Stücke Ananas (à ca. 3 x 3 cm)
2 EL Agavensirup
1 EL Zitronensaft
2 EL Kokosflocken
2 Scheiben Ananas zum Dekorieren
1 EL Kokosflocken zum Bestreuen

1 Aus den Mandeln und 500 ml Wasser etwa 500 ml Mandelmilch zubereiten. Dafür die Mandeln etwa 8 Stunden einweichen, dann enthäuten. Die Mandeln mit 500 ml Wasser im Mixer pürieren. Die Mandelmilch durch ein Haarsieb gießen und auffangen. Die Mandelmasse mit einem Löffel durch das Sieb drücken.

2 Die Banane schälen und in Stücke schneiden. Die Mandelmilch mit Bananen- und Ananasstücken, Agavensirup, Zitronensaft und 2 EL Kokosflocken in einen Mixer geben und cremig pürieren. Den Smoothie in Gläser füllen und mit je 1 Ananasscheibe und Kokosflocken dekorieren.

BROMBEER-
PARANUSSMILCH

LUST AUF EINEN MILCHSHAKE? DANN BEREITEN SIE DIE PARANUSSMILCH ETWAS DICKER ZU UND MIXEN NOCH HALB AUFGETAUTE BEEREN UNTER.

Für 2 Portionen | Zubereitungszeit 10 Minuten | Einweichen 8 Stunden

1 Aus den Paranüssen mit 200 ml Wasser eine Paranussmilch zubereiten. Dafür die Paranüsse etwa 8 Stunden einweichen, dann enthäuten. Die Paranüsse mit 200 ml Wasser im Mixer pürieren. Die Paranussmilch durch ein Haarsieb gießen und auffangen. Die Nussmasse mit einem Löffel durch das Sieb drücken.

2 Die Aprikosen mit Wasser bedecken und 2–4 Stunden einweichen. Die Brombeeren halb auftauen lassen.

3 Paranussmilch, Aprikosen, Brombeeren, nach Belieben Acaipulver und Salz in einen Mixer geben und alles cremig pürieren. Den Smoothie in Gläser füllen.

50 g Paranüsse
2 getrocknete Aprikosen
55 g tiefgekühlte Brombeeren
1 EL Açaipulver (nach Belieben)
1 Msp. Salz

HIMBEEREN
IM GRÜNEN

WENN SIE HIMBEEREN MIT SPIRULINA KOMBINIEREN, DANN ÜBERTÖNEN DIE BEEREN DEN ETWAS STRENGEN ALGENGESCHMACK UND SIE BEKOMMEN EINEN SUPERGESUNDEN FRUCHTDRINK. PROBIEREN SIE AUS, WIE VIEL ALGEN SIE VERWENDEN MÖCHTEN.

Für 2 Portionen | Zubereitungszeit 5 Minuten

1 Die frischen Himbeeren verlesen oder tiefgekühlte Beeren auftauen lassen. Die Birne waschen, vierteln, entkernen und in Stücke schneiden. Den Saft der Orangen auspressen.

2 Himbeeren, Birnenstücke und Orangensaft in einem Mixer pürieren. Das Spirulinapulver untermixen. Den Smootie in Gläser füllen und nach Belieben mit Strohhalmen servieren.

100 g Himbeeren (frische oder tiefgekühlte)
1 Birne
2 Orangen
1 TL Spirulinapulver
2 Strohhalme (nach Belieben)

PARANUSSTRAUM
MIT VANILLE

IN DIESER WEICHEN PARANUSSMILCH SCHMECKEN SIE WIRKLICH DIE VANILLE. PARANÜSSE SIND REICH AN SELEN. SIE WERDEN IN SÜDAMERIKA ANGEBAUT UND AUCH BRASILIENNÜSSE GENANNT. DAS GETRÄNK HÄLT SICH HÖCHSTENS DREI TAGE IM KÜHLSCHRANK.

Für 2 Portionen | Zubereitungszeit 10 Minuten | Einweichen 8 Stunden

50 g Paranüsse
1 TL Vanillepulver
½ EL Agavensirup oder Honig
1 Prise Salz

1 Aus den Paranüssen mit 500 ml Wasser etwa 500 ml Paranussmilch zubereiten. Dafür die Paranüsse etwa 8 Stunden einweichen, dann enthäuten. Die Paranüsse mit 500 ml Wasser im Mixer pürieren. Die Paranussmilch durch ein Haarsieb gießen und auffangen. Die Nussmasse mit einem Löffel durch das Sieb drücken.

2 Die Paranussmilch mit Vanillepulver, Agavensirup oder Honig und Salz cremig mixen. Den Smoothie in Gläser füllen.

HIMBEER-SMOOTHIE
MIT KOKOS

FRISCH GEMIXT SCHMECKT ER SCHÖN ERFRISCHEND! HIMBEEREN ENTHALTEN VIELE BALLASTSTOFFE, DIE LANGE SATT UND FRÖHLICH MACHEN. GLEICHZEITIG TANKEN SIE EINE MENGE ANTIOXIDANZIEN ZUR STÄRKUNG DES IMMUNSYSTEMS.

Für 2 Portionen | Zubereitungszeit 5 Minuten

100 g Himbeeren (frische oder tiefgekühlte)
1 Banane
400 ml Apfelsaft
einige frische Minzeblätter
1 EL Kokosflocken

1 Die frischen Himbeeren verlesen und tiefgekühlte Beeren auftauen lassen. Die Banane schälen und in Stücke schneiden.

2 Apfelsaft, Himbeeren und Bananenstücke in einen Mixer geben und alles pürieren. Den Smoothie in Gläser füllen, mit Minze und Kokosflocken dekoriert servieren.

BANANEN-CAROB-
SMOOTHIE

EIN LECKERER SMOOTHIE MIT VIEL EIWEISS UND KALZIUM. LASSEN SIE SICH DIESEN DRINK GLEICH NACH DEM JOGGEN ODER WALKEN SCHMECKEN.

Für 2 Portionen | Zubereitungszeit 5 Minuten

3 Datteln
30 g Sesamsamen
2 EL Honig
ca. 3 TL Carobpulver
1 Banane

1 Die Datteln entsteinen. Die Sesamsamen und 400 ml Wasser in einen Mixer geben und pürieren. Datteln, 1 EL Honig und Carobpulver dazugeben und erneut mixen. Die Banane schälen, in Stücke schneiden, hinzufügen und untermixen.

2 Nach Belieben mit 1 EL Honig nachsüßen oder mehr Carobpulver untermixen, damit der Smoothie schokoladiger wird. Den Smoothie in Gläser füllen.

GRÜNER ENERGIEKICK

GRÜN MACHT GLÜCKLICH! TRINKEN UND FÜHLEN SIE, WIE SCHNELL SIE NACH DEM GENUSS WIEDER ZU KRÄFTEN KOMMEN. PETERSILIE IST ÄUSSERST REICH AN EISEN UND BESCHLEUNIGT DIE VERBRENNUNG VON KOHLENHYDRATEN.

Für 2 Portionen | Zubereitungszeit 5 Minuten

1 Bund glatte Petersilie
4 Kiwis
1 Stück frischer Ingwer (ca. 1 cm)

1 Petersilie waschen und trocken schütteln, die Blätter abzupfen. Die Kiwis und den Ingwer schälen und in Stücke schneiden.

2 Petersilie und 400 ml Wasser in einen Mixer geben und pürieren. Kiwi- und Ingwerstücke hinzufügen und erneut mixen. Je nach gewünschter Konsistenz etwas mehr Wasser untermixen. Den Smoothie in Gläser füllen.

DESSERTS – FÜR LEIB UND SEELE

Die Basis der Leckereien in diesem Kapitel sind Nüsse, Samen und Trockenfrüchte sowie frische Beeren und andere Früchte. Überprüfen Sie zuerst Ihren Vorrat, bevor Sie ergänzen, was noch fehlt. Viele der rohen Zutaten für die Rezepte können Sie lange aufbewahren, z. B. Nüsse, Trockenfrüchte, Vanillepulver aus dem Reformhaus und Agavensirup. Die frischen Zutaten wie Obst und Beeren kaufen Sie bei Bedarf. Tiefgekühlte Beeren und Bananenstücke sollten Sie immer vorrätig haben. Dann haben Sie eine gute Basis und können schnell eine Kleinigkeit zubereiten, wenn Sie Lust auf etwas Süßes bekommen. Betrachten Sie die Rezepte als Inspirationsquelle, finden Sie Ihre Favoriten heraus und lassen Sie Ihrer Fantasie freien Lauf beim Kreieren eigener Rohkost-Desserts! Und die folgenden Tipps sollten Sie noch beachten, bevor Sie mit dem Testen der Rezepte starten: Die Anzahl der Portionen ist bei jedem Rezept angegeben. Aber für wie viele Personen etwas reicht, hängt letztendlich davon ab, ob Sie die Desserts als Zwischenmahlzeit oder als Nachtisch servieren, was Sie zuvor schon zu sich genommen haben und ob Sie Erwachsene oder Kinder damit verwöhnen möchten.
Wenn Sie den Kaffeetisch mit verschiedenen Rohkost-Leckereien decken, sollten Sie die Rezepte so aussuchen, dass Sie eine gute Mischung von allem haben. Wählen Sie eine Tarte mit Nussboden und Snackbällchen mit Nüssen, dann sollten Sie auch etwas dazu kombinieren, das hauptsächlich Beeren und Früchte enthält. Wenn Sie nach dem Essen eine Nachspeise servieren, berücksichtigen Sie die Balance zwischen den Gerichten.
Nach einem leichten Salat passt eine etwas mächtigere Nachspeise mit Nüssen oder Schokolade. Nach Nussfrikadellen passt hingegen ein leichter Abschluss mit Früchten oder Beeren besser dazu.

CUPCAKES

FERTIGE CUPCAKES AUF VORRAT ZU HABEN LOHNT SICH IMMER. MAN KANN SIE LEICHT IM VORAUS BACKEN, EINFRIEREN UND BEI BEDARF AUFTAUEN UND SERVIEREN.

Für 10 Stück | Zubereitungszeit 25 Minuten | Einweichen 8 Stunden | Einfrieren 1 Stunde

BODEN

180 g Cashewnüsse
2 Datteln
Saft von ½ Zitrone
abgeriebene Schale von 1 Bio-Zitrone
1 TL Honig
1 Prise Salz

MITTELSCHICHT

300 g tiefgekühlte Erdbeeren
6 getrocknete Aprikosen
1 Msp. Vanillepulver

OBERSTE SCHICHT

150 ml Kokosöl
50 ml Agavensirup
50 g Kakaopulver

1 Für die Mittelschicht die Erdbeeren auftauen lassen und die getrockneten Aprikosen 4–8 Stunden einweichen.

2 Für den Boden die Cashewnüsse fein mahlen. Die Datteln entsteinen. Zitronensaft und -schale, Datteln, Honig und Salz untermixen, bis alles gut vermischt ist. Die Masse in einer dünnen Schicht in Muffinförmchen drücken. Erdbeeren, Aprikosen und Vanillepulver dickflüssig pürieren. Die Erdbeermasse ca. 1 cm dick auf dem Nussboden verteilen.

3 Kokosöl über einem lauwarmen Wasserbad erwärmen. Agavensirup und Kakaopulver dazugeben. Die Mischung über die Erdbeerfüllung gießen. Mindestens 1 Stunde ins Tiefkühlfach stellen. Dann 15–20 Minuten vor dem Servieren auftauen lassen.

MANDELMILCH

MANDELMILCH KÖNNEN SIE LEICHT SELBST HERSTELLEN. DAS EINWEICHEN OPTIMIERT DIE VERWERTUNG DER INHALTSSTOFFE. MAN KANN DIE EINGEWEICHTEN MANDELN LEICHT ZWISCHEN DAUMEN UND ZEIGEFINGER SCHÄLEN. DIE MILCH VON GESCHÄLTEN MANDELN WIRD WEISSER UND SCHMECKT BESSER. DAS SCHÄLEN DAUERT EINE WEILE, ABER ICH BETRACHTE DAS ALS EINE MEDITATIONSÜBUNG – MIT DANKBARKEIT FÜR ALLE FANTASTISCHEN LEBENSMITTEL, DIE WIR ESSEN DÜRFEN. BEREITEN SIE IMMER GLEICH EINE GRÖSSERE MENGE ZU.

Für 600 ml | Zubereitungszeit 10 Minuten | Einweichen 8 Stunden oder über Nacht

130 g ungeschälte Mandeln (oder andere Nüsse)

1 Die Mandeln (oder andere Nüsse) 8 Stunden einweichen. Die Mandeln enthäuten und mit 600 ml Wasser im Mixer pürieren.

2 Die Mandelmilch durch einen Nussmilchbeutel, ein feinmaschiges Tuch oder ein Sieb abgießen und auffangen. Die Mandelmasse mit der Löffelrückseite durch das Sieb pressen. Im Kühlschrank ist die Mandelmilch etwa 2 Tage haltbar.

Varianten

Statt Mandeln können Sie auch andere Nüsse Ihrer Wahl verwenden, z. B. Haselnüsse, Cashewnüsse, Paranüsse oder auch Macadamianüsse. Die Mandelmilch nach Geschmack mit Honig süßen und mit Gewürzen wie Zimtpulver, Nelkenpulver oder Vanillepulver, abschmecken. Oder nach Rezeptangabe verwenden.

Aufgrund des Fettgehalts werden Nüsse schnell ranzig. Bewahren Sie deshalb Ihren Vorrat an Nüssen gut verpackt, kühl und dunkel im Kühlschrank auf, falls dort noch Platz ist.

SPIRULINATARTE

ICH MISCHE FAST ÜBERALL ETWAS SPIRULINAPULVER UNTER. BEI DEN DESSERTS LÄSST SICH DAS PULVER GANZ EINFACH UNTERRÜHREN UND MACHT DIESE TARTE ODER EINE CREME HERRLICH GRÜN!

Für 6 Portionen | Zubereitungszeit 20 Minuten | Kühlen 1 Stunde

BODEN

325 g ungeschälte Mandeln
100 ml Kokosöl
100 ml Agavensirup

FÜLLUNG

20 g Kokosflocken
120 g Cashewnüsse
100 ml Agavensirup
2 EL Spirulinapulver
1 EL Carobpulver

1 Für den Boden die Mandeln in einer Küchenmaschine fein mahlen. Das Kokosöl in einer Schüssel über einem lauwarmen Wasserbad erwärmen, bis es flüssig ist.

2 Das Kokosöl und den Agavensirup unter die gemahlenen Mandeln mischen und alles zu einem Teig verarbeiten. Den Teig als Boden in eine Tarteform (20 cm Ø) drücken.

3 Für die Füllung die Kokosflocken mit Cashewnüssen, Agavensirup, Spirulinapulver, Carobpulver und 200 ml Wasser verrühren.

4 Die Mischung auf dem Tarteboden verteilen. Bis zum Servieren die Tarte mindestens 1 Stunde in den Kühlschrank stellen.

OBSTSALAT
MIT GRANATÄPFELN UND DATTELN

EIN WAHRER VITAMINCOCKTAIL: OBSTSALAT MIT GRANATAPFELKERNEN, ZITRUSFRÜCHTEN, DATTELN, HONIG UND MINZE – FRISCHER GEHT ES WOHL KAUM.

Für 4 Portionen | Zubereitungszeit 15 Minuten | Kühlen 1 Stunde

1 Die Granatäpfel halbieren und die Kerne mit einem Teelöffel vorsichtig aus den weißen bitteren Häuten lösen.

2 Die Orangen und die Grapefruit mit einem scharfen Messer so schälen, dass auch die weiße Haut mit entfernt wird. Das Fruchtfleisch der Orangen und Grapefruit in mundgerechte Stücke schneiden. Die Datteln entsteinen und in kleine Stückchen schneiden.

3 Granatapfelkerne, Orangen- und Grapefruitstücke, Datteln, Minze und Honig oder Agavensirup in eine Schüssel geben und vorsichtig mischen. Den Obstsalat im Kühlschrank etwa 1 Stunde ziehen lassen.

2 Granatäpfel
4 Orangen
1 rosa Grapefruit
6 frische Datteln
2 EL frisch gehackte Minze
1 EL flüssiger Honig oder Agavensirup

FEIGENSAUCE

EINE HERRLICH FRUCHTIGE ERGÄNZUNG ZU SELBST GEMACHTEM NUSSJOGHURT. ODER AUCH NUR ZUM LÖFFELN BEI PLÖTZLICHEM SÜSSHUNGER.

Für 2 Portionen | Zubereitungszeit 10 Minuten | Einweichen 8 Stunden

1 Die Feigen und Aprikosen in eine Schüssel geben, mit Wasser bedecken und etwa 8 Stunden einweichen.

2 Die Orange heiß waschen und abtrocknen, die Schale fein abreiben und den Saft von ½ Orange auspressen. Feigen, Aprikosen, Orangenschale und Orangensaft zu einer Sauce pürieren, bis sie ziemlich dick oder eher cremig ist. Je nach gewünschter Konsistenz mehr Orangensaft untermixen. Die Sauce bis zum Servieren kalt stellen.

5 getrocknete Feigen
8 getrocknete Aprikosen
1 Bio-Orange

NUSSJOGHURT

EINE EINFACHE ART, JOGHURT ZUZUBEREITEN. SIE KÖNNEN AUCH JOGHURTBAKTERIEN, SOGENANNTE KEFIRSTARTER, IM REFORMHAUS KAUFEN UND RICHTIGES NUSSJOGHURT HERSTELLEN. DAS KLAPPT BESTENS!

Für 2 Portionen | Zubereitungszeit 10 Minuten | Einweichen 8 Stunden | Kühlen 2 Stunden

NUSSJOGHURT
1 reife Birne
120 g Cashewnüsse
1 Msp. Vanillepulver
2 EL Kokosöl

TOPPING
5 Erdbeeren

1 Für den Nussjoghurt die Birne waschen, vierteln, entkernen und in Stücke schneiden. Die Cashewnüsse mit 200 ml Wasser, Birne, Vanillepulver und Kokosöl in einem Mixer pürieren, bis der Mix eine joghurtähnliche Konsistenz hat. Die Masse in eine Schüssel geben und 2 Stunden in den Kühlschrank stellen.

2 Für das Topping die Erdbeeren waschen, putzen und in Scheiben schneiden. Den Joghurt mit Erdbeerscheiben dekorieren und servieren. Dazu passt Feigensauce (siehe Seite 100).

SOMMERTORTE

MIT DEN HIMBEEREN, DIE ICH DAS GANZE JAHR ÜBER IN MEINEM TIEFKÜHLFACH HABE, KANN ICH JEDERZEIT DEN SOMMER GENIESSEN.

Für 6–8 Portionen | Zubereitungszeit 35 Minuten | Einweichen 1 Stunde | Einfrieren 3 Stunden | Kühlen 2 Stunden

1 Für die Füllung die Cashewnüsse etwa 1 Stunde einweichen. Für die Creme die Himbeeren halb auftauen lassen.

2 Für den Boden harte Feigen etwa 1 Stunde einweichen. Die Pekannüsse grob hacken. Pekannüsse, Feigen, Carobpulver und Salz in der Küchenmaschine so lange mixen, bis alles gut vermischt ist. Die Masse als Boden in eine Tarteform (20 cm Ø) drücken.

3 Die angetauten Himbeeren mit Limettensaft und Agavensirup zu einer Creme pürieren. (Für unaufgetaute Beeren einen starken Mixer oder die Küchenmaschine verwenden.)

4 Für die Füllung die Banane schälen und klein schneiden. Die Birne waschen, vierteln, entkernen und in Stücke schneiden. Den Saft der Zitrone auspressen. Banane, Birne, Zitronensaft, Cashewnüsse, Kokosöl, Vanillepulver und Agavensirup in einem Mixer zu einer weichen Masse pürieren. Die Hälfte der Masse auf dem Tortenboden verteilen und 1 Stunde ins Tiefkühlfach stellen.

5 Die Torte herausnehmen, die Hälfte der Creme daraufgeben und etwa 2 Stunden ins Tiefkühlfach stellen. Inzwischen den Rest der Creme und der Füllung mischen und als oberste Schicht auf der Torte verteilen.

6 Die Torte 2 Stunden in den Kühlschrank stellen. Vor dem Servieren die Torte mit Himbeeren dekorieren.

BODEN

6 getrocknete Feigen
250 g Pekannüsse
2 EL Carobpulver
1 Prise Salz

CREME

500 g tiefgekühlte Himbeeren
einige Spritzer Limettensaft
2 EL Agavensirup

FÜLLUNG

450 g Cashewnüsse
1 Banane
1 Birne
1 Zitrone
50 ml Kokosöl
1 TL Vanillepulver
100 ml Agavensirup

TOPPING

30 g frische Himbeeren

SOMMERGEBÄCK

DIESES GEBÄCK LÄSST SICH PRIMA EINFRIEREN. BEI BEDARF IN ETWA 30 MINUTEN AUFTAUEN LASSEN UND MIT SÜSSEN BEEREN GARNIERT SERVIEREN. SCHMECKT DAS GANZE JAHR.

Für 10–12 Stück | Zubereitungszeit 25 Minuten | Kühlen 2 Stunden

TEIG

60 g Datteln (frische oder getrocknete)
195 g Mandeln
½ TL Salz

FÜLLUNG

100 ml Kokosöl
150 g Cashewnüsse
1 TL Vanillepulver

TOPPING

frische Beeren (nach Wahl)

1 Für den Teig getrocknete Datteln etwa 30 Minuten einweichen. Für die Füllung das Kokosöl in einer Schüssel über einem lauwarmen Wasserbad erwärmen, bis es flüssig ist.

2 Die Mandeln in der Küchenmaschine fein mahlen. Datteln und Salz hinzufügen und zu einem Teig verarbeiten. Den Teig etwa ½ cm dick in 10–12 Muffinförmchen aus Silikon drücken.

3 Kokosöl mit Cashewnüssen, Vanillepulver und 100 ml Wasser mixen und die Mischung in die Förmchen geben. Die Förmchen 1–2 Stunden in den Kühlschrank stellen. Zum Servieren das Gebäck mit frischen Beeren nach Wahl garnieren.

TARTE
MIT KAKAONIBS UND APRIKOSENMARMELADE

DIE APRIKOSENMARMELADE SCHMECKT AUCH ZU LEINSAMENKEKSEN ODER BANANENEIS. BEREITEN SIE DIE TARTE FÜR DEN VORRAT ZU – SIE LÄSST SICH GUT EINFRIEREN. DANN HABEN SIE ETWAS DA, WENN BESUCH KOMMT.

4–6 Portionen | Zubereitungszeit 25 Minuten | Einweichen 8 Stunden | Einfrieren 1 Stunde

1 Für die Marmelade die getrockneten Aprikosen etwa 8 Stunden einweichen.

2 Für den Boden die Haselnüsse fein hacken, Honig und Salz hinzufügen und alles in der Küchenmaschine gut verarbeiten. Den Teig als Boden in eine Tarteform (20 cm Ø) drücken.

3 Für die Marmelade die frischen Aprikosen waschen und entsteinen. Mit getrockneten Aprikosen und Vanillepulver cremig pürieren und die Masse auf den Tarteboden streichen.

4 Für das Topping das Kokosöl in einer Schüssel über einem lauwarmen Wasserbad erwärmen, bis es flüssig ist.

5 Kokosöl mit Agavensirup, Kakaopulver und Kakaonibs mischen. Die Schokoladenmischung auf der Aprikosenmarmelade verteilen, dabei die Mischung umrühren. Die Tarte vor dem Servieren etwa 1 Stunde ins Tiefkühlfach stellen.

BODEN

120 g Haselnüsse
2 EL Honig
1 Prise Salz

APRIKOSENMARMELADE

10 getrocknete Aprikosen
10 frische Aprikosen
1 TL Vanillepulver

TOPPING

100 ml Kokosöl
50 ml Agavensirup
20 g Kakaopulver
3 EL Kakaonibs

BLAUBEER-CHEESECAKE

DIES IST EINE ROHKOST-VARIANTE MIT BLAUBEEREN UND KAKAOPULVER. DEN CHEESECAKE-GESCHMACK BEKOMMT DER KUCHEN VON DEN CASHEWNÜSSEN.

Für 2–4 Portionen | Zubereitungszeit 20 Minuten | Einweichen 1 Stunde | Einfrieren 4 Stunden

BODEN

145 g getrocknete Aprikosen
135 g Walnüsse

FÜLLUNG

500 g tiefgekühlte Blaubeeren
240 g Cashewnüsse
2 EL Agavensirup
1–2 EL Kakaopulver

1 Für den Boden die Aprikosen etwa 1 Stunde einweichen. Für die Füllung die Blaubeeren auftauen lassen und 60 g davon zum Garnieren beiseitelegen.

2 Für den Teig die Nüsse in einer Küchenmaschine mahlen. Die Aprikosen dazugeben und untermixen. Den Teig als Boden in eine Tarteform (20 cm Ø) drücken.

3 Für die Füllung Blaubeeren mit Cashewnüssen, Agavensirup und Kakaopulver im Mixer zu einer glatten Masse pürieren. Die Masse auf dem Tarteboden verteilen. Die Tarte mit den übrigen Beeren dekorieren. Die Torte 4 Stunden ins Tiefkühlfach stellen. Vor dem Servieren die Torte 30 Minuten auftauen lassen.

SCHOKOLADEN-
BANANEN-HÄPPCHEN

REIFE BANANEN MIT BRAUNEN PUNKTEN SIND NICHT SCHLECHT, SONDERN EIGNEN SICH AUSGEZEICHNET ZUM EINFRIEREN FÜR BANANENEIS ODER FÜR DIESE FEINEN FRUCHTIGEN HÄPPCHEN. SIE SIND IDEAL, WENN SIE LUST AUF ETWAS SÜSSES HABEN.

Für 2 Portionen | Zubereitungszeit 5 Minuten | Einfrieren 3 Stunden

20 g Kakaopulver
3 EL Sesamsamen
3 Bananen

1 Das Kakaopulver und die Sesamsamen in einer Schüssel mischen. Die Bananen schälen und in dicke Scheiben schneiden.

2 Die Bananenscheiben sofort in der Kakao-Sesam-Mischung wenden und auf eine Platte legen. Die Schokoladen-Bananen-Häppchen etwa 3 Stunden ins Tiefkühlfach stellen. Vor dem Servieren die Häppchen etwa 30 Minuten auftauen lassen.

MANGOMUS

EIN DESSERT MUSS NICHT IMMER EIN SCHWERER KUCHEN SEIN. WIE WÄRE ES VIELLEICHT EINMAL MIT ETWAS SÜSSSAUREM? DIESES FRUCHTIGE PÜREE IST EIN PERFEKTER NACHTISCH FÜR DEN ALLTAG.

Für 2 Portionen | Zubereitungszeit 10 Minuten

2 Mangos
½ Limette
35 g Kokosflocken
50 g Pekannüsse

1 Die Mangos schälen, das Fruchtfleisch zuerst vom Stein und dann in Stücke schneiden. Den Saft der Limettenhälfte auspressen. Mangostücke und Limettensaft in einem Mixer pürieren.

2 Das Mangomus in Schälchen füllen. 2 Pekannüsse beiseitelegen und den Rest grob hacken. Die gehackten Pekannüsse über das Mangomus streuen. Die Kokosflocken und die ganzen Pekannüsse darauf verteilen.

CAROBKUCHEN

ER SCHMECKT WIE DIE HERKÖMMLICHEN KÜCHLEIN, DIE IN DER REGEL BACKPULVER BRAUCHEN, DAMIT SIE AUFGEHEN. HIER IST KEIN BACKPULVER NÖTIG.

Für 2–4 Portionen | Zubereitungszeit 20 Minuten | Einweichen 4 Stunden | Kühlen 1 Stunde

BODEN

625 g Feigen
225 g Walnüsse
50 g Carobpulver

CREME

½ Avocado
180 g Cashewnüsse
20 g Carobpulver
2 EL Honig

TOPPING

35 g Kokosflocken

1 Für den Boden die Feigen 4 Stunden einweichen. Die Feigen dann in der Küchenmaschine verarbeiten, bis sie krümelig sind. Die Walnüsse untermixen, bis eine cremige Masse entsteht. Das Carobpulver dazugeben und untermixen. Aus der Masse einen hohen, runden Kuchen formen und auf eine Platte setzen.

2 Für die Creme die Avocado entsteinen, schälen und in Stücke schneiden. Die Avocadostücke mit Cashewnüssen, Carobpulver, Honig und 200 ml Wasser in einen Mixer geben und pürieren. Den Kuchen mit der Creme bestreichen und mit Kokosflocken bestreuen. Den Kuchen etwa 1 Stunde in den Kühlschrank stellen.

EISTORTE
MIT APRIKOSEN UND ORANGEN

SÄUERLICHE FRISCHE IN MEHREREN SCHICHTEN MIT UNTERSCHIEDLICHEM SUPERFOOD. DAS MACHT DIESE EISTORTE ZU EINEM LECKEREN UND KÜHLENDEN DESSERT VOLLER NÄHRSTOFFE. TAUEN SIE DIE TORTE ETWA 30 MINUTEN VOR DEM SERVIEREN AUF, DANN HAT SIE DIE RICHTIGE EISKONSISTENZ.

Für 4–6 Personen | Zubereitungszeit 30 Minuten | Einweichen 8 Stunden | Einfrieren 3 Stunden

1 Für die Creme 8 getrocknete Aprikosen in einer Schlüssel mit Wasser 4–8 Stunden einweichen.

2 2 Orangen schälen und in Stücke schneiden. Die Orangenstücke mit den eingeweichten Aprikosen in einen Mixer geben und zu einer Creme mixen. Die Creme in eine Tarteform (20 cm Ø) geben.

3 Die übrige Orange heiß waschen und abtrocknen, die Schale fein abreiben. Das Kokosöl in einer Schüssel über einem lauwarmen Wasserbad erwärmen, bis es flüssig ist.

4 Das Mesquitenpulver, Lucumapulver, Carobpulver und die Orangenschale unter das Kokosöl rühren, bis alles gut vermischt ist.

5 Die Masse auf der Orangencreme verteilen. Die Torte etwa 3 Stunden ins Tiefkühlfach stellen, bis sie hart ist.

6 Zum Servieren die Torte auftauen lassen. Für das Topping die Orangenhälfte in dünne Scheiben schneiden und die Torte damit dekorieren.

CREME
16 getrocknete Aprikosen
3 Orangen (davon 1 Bio-Orange)

SUPERFOOD-SCHICHT
200 ml Kokosöl
2 EL Mesquitenpulver
1 EL Lucumapulver
2 EL Carobpulver

TOPPING
½ Orange

SUPERFOOD-EIS

AM BESTEN IST ES, WENN SIE DAS GANZE JAHR ÜBER TIEFGEKÜHLTE BEEREN UND BANANENSTÜCKE IN GEFRIERBEUTELN ODER GEFRIERBOXEN PARAT HABEN. DENN SIE WISSEN NIE, WANN SIE LUST AUF EIN KÖSTLICHES SELBST GEMACHTES EIS BEKOMMEN!

Für 2 Portionen | Zubereitungszeit 10 Minuten | Einfrieren 24 Stunden

4 Bananen
1 EL helle Mandelbutter
4 EL getrocknete Maulbeeren
4 EL getrocknete Inkabeeren
1 EL Rosinen

1 Die Bananen schälen, in Stücke schneiden und etwa 24 Stunden ins Tiefkühlfach stellen.

2 Dann die Bananen in 10–20 Minuten antauen lassen, in einen Mixer geben und zu einem cremigen Eis mixen. Die helle Mandelbutter dazugeben und untermixen. Das Eis in eine Schüssel füllen und die Maulbeeren, Inkabeeren und Rosinen unterrühren. Das Eis sofort servieren, damit es nicht schmilzt.

BEERENTARTE

DIESE TARTE SIEHT AUS WIE EINE TRADITIONELLE BEERENTARTE, ENTHÄLT ABER WEDER MEHL, BUTTER NOCH WEISSEN ZUCKER. UND SIE WAR NATÜRLICH AUCH NICHT IM OFEN!

Für 4 Portionen | Zubereitungszeit 15 Minuten

1 Für den Boden die Walnüsse in der Küchenmaschine fein mahlen. Die Kokosflocken dazugeben und untermischen. Die Datteln entsteinen. Datteln, Honig, Zimtpulver und Salz dazugeben und alles gut verarbeiten. Den Teig als Boden in eine kleine Tarteform (20 cm Ø) drücken.

2 Für den Belag die tiefgekühlten Beeren auftauen lassen. Die frischen Himbeeren verlesen. Frische Blaubeeren waschen, verlesen und abtropfen lassen. Die Beeren mischen und die Mischung auf dem Boden verteilen.

3 Für die Cashewsahne die Birne waschen, vierteln, entkernen und in kleine Stücke schneiden. Die Cashewnüsse fein mahlen und mit 100–200 ml Wasser im Mixer mixen.

4 Die Birnenstücke und das Vanillepulver hinzufügen und untermixen. Je nach gewünschter Konsistenz mehr Wasser untermischen. Die Tarte mit der Cashewsahne servieren.

BODEN

225 g Walnüsse
35 g Kokosflocken
8 frische Datteln
1 EL Honig
2 TL Zimtpulver
1 Prise Salz

BELAG

300 g frische Himbeeren und Blaubeeren (oder tiefgekühlte Beeren)

CASHEWSAHNE

1 reife Birne
120 g Cashewnüsse
1 Msp. Vanillepulver

Blaubeeren, auch als Heidelbeeren oder Bickbeeren bekannt, sollten Sie so oft wie möglich genießen. Sorgen Sie auch bei dieser Beerensorte für einen ausreichenden Vorrat. Denn sie sind reich an den Schutzvitaminen Carotin und C. Außerdem wirken der blaue Farbstoff sowie die Gerbstoffe blutbildend und reinigend.

PAPAYATARTE

SIE DÜRFEN SICH AUCH AN WOCHENTAGEN MIT EINER NACHSPEISE WIE DIESER VERWÖHNEN! STATT PAPAYASCHEIBEN KÖNNEN SIE FÜR DEN BELAG AUCH MANGO-, PFIRSICH- ODER NEKTARINENSCHEIBEN VERWENDEN.

Für 2 Portionen | Zubereitungszeit 10 Minuten

BODEN

6 frische Datteln
70 g Kokosflocken
abgeriebene Schale von 1 Bio-Limette (nach Belieben)

BELAG

½ große Papaya
1–2 TL Limettensaft

1 Für den Boden die Datteln entsteinen. Datteln und Kokosflocken in der Küchenmaschine zu einem Teig verarbeiten. Nach Belieben die Limettenschale untermischen. Den Teig als Boden in eine kleine Tarteform (20 cm Ø) drücken.

2 Für den Belag die Papaya entkernen, schälen und in dünne Scheiben schneiden. Die Papayascheiben auf den Teigboden legen und mit Limettensaft beträufeln.

Variante

Noch einfacher und schneller zubereitet ist dieses Dessert: 1 Papaya halbieren und entkernen. Die Hälften schälen und in Scheiben schneiden. Die Papayascheiben auf einem Teller legen. Den Saft von 1 Limette auspressen und über die Scheiben träufeln. Nach Belieben mit Kokosflocken und getrockneten Datteln in kleinen Stücken bestreuen. Leichter geht's nicht!

PFIRSICHTARTE

PFIRSICHE UND NEKTARINEN HABEN NICHT GANZ DEN GLEICHEN GESCHMACK, ABER BEIDE EIGNEN SICH HERVORRAGEND FÜR DIESE SAFTIGE TARTE.

Für 4 Portionen | Zubereitungszeit 15 Minuten | Kühlen 1 Stunde

1 Für den Boden die Datteln entsteinen. Die Mandeln in der Küchenmaschine fein mahlen. Salz, Zimtpulver, Muskat, Honig, Datteln und Öl dazugeben und unterarbeiten, bis alles gut vermischt ist. Den Teig als Boden in eine Tarteform (20 cm Ø, oder auf eine Platte) drücken.

2 Für die Füllung die Datteln entsteinen. 2 Pfirsiche waschen, halbieren, entsteinen und in Stücke schneiden. Pfirsichstücke, Salz, Muskat, Zimtpulver, Kokosflocken, Datteln und Honig in der Küchenmaschine oder im Mixer pürieren.

3 Die übrigen Pfirsiche waschen, halbieren, entsteinen und klein schneiden. Die Pfirsichstückchen unter das Püree rühren. Die Masse auf den Tarteboden streichen.

4 Vor dem Servieren die Tarte mit Minze- oder Zitronenmelisseblättchen dekorieren und etwa 1 Stunde in den Kühlschrank stellen.

BODEN

4 Datteln
260 g ungeschälte Mandeln
1 Prise Salz
1 TL Zimtpulver
1 Msp. frisch geriebene Muskatnuss
2 EL Honig
1–2 EL Mandel- oder Rapsöl

FÜLLUNG

4 Datteln
4 Pfirsiche
1 Prise Salz
1 Msp. frisch geriebene Muskatnuss
1 TL Zimtpulver
1 EL Kokosflocken
1 EL Honig
einige Minze- oder Zitronenmelisseblättchen

SCHWEDISCHER
KLEBKUCHEN

WENN ICH DIESEN KUCHEN ZUBEREITE, BEKLECKERE ICH MICH BEIM PROBIEREN IMMER MIT SCHOKOLADE. DAS IST EIN FEINER KUCHEN FÜR »ERWACHSENE KINDER« UND ALLE, DIE SCHOKOLADE LIEBEN!

Für 6 Portionen | Zubereitungszeit 20 Minuten

225 g Walnüsse
5–6 EL Kakaopulver
1 Prise Salz
15 Datteln
2 EL Kokosöl
2 EL Honig
frische Beeren (nach Wahl)

1 Die Walnüsse in der Küchenmaschine fein mahlen. 5 EL Kakaopulver und Salz dazugeben und unterarbeiten. Die Datteln entsteinen. Datteln, Kokosöl und Honig hinzufügen und untermixen. Wenn der Teig schokoladiger sein soll, das übrige Kakaopulver untermischen.

2 Die Masse zu einem runden Kuchen formen und auf eine Platte setzen. Zum Servieren frische Beeren nach Wahl verlesen und auf dem Kuchen verteilen. Dazu passt die Cashewsahne von Seite 110.

CASHEWNÜSSE
MIT BLAUBEEREN

DIESE KÜCHLEIN BESTEHEN AUS DREI SCHICHTEN. SEIEN SIE KREATIV UND VARIIEREN SIE DIE ZUTATEN VON BODEN UND FÜLLUNG, UM IHRE LIEBLINGSKOMBINATIONEN ZU FINDEN. EINER MEINER FAVORITEN, AUSSER DIESER, SIND HASELNÜSSE UND HIMBEEREN IM BODEN UND EIN HIMBEEREN-APRIKOSEN-MIX UNTER DER SCHOKOLADENSAUCE.

Für 12 Stück | Zubereitungszeit 30 Minuten | Einweichen 10 Stunden | Einfrieren 2 Stunden

1 Für den Boden die getrockneten Aprikosen 4–10 Stunden einweichen.

2 Die Cashewnüsse in der Küchenmaschine fein mahlen. Den Saft der Limette auspressen. Limettensaft und Honig dazugeben und unterarbeiten. Den Teig als Boden in 12 Muffinförmchen (aus Silikon, oder in eine kleine Tarteform) drücken.

3 Für die Blaubeermarmelade die frischen Blaubeeren waschen und verlesen. Die frischen Blaubeeren mit 3 EL Einweichwasser von den Aprikosen und die aufgetauten Blaubeeren ohne Einweichwasser pürieren. Die Masse auf den Boden streichen.

4 Für die Schokoladensauce das Kokosöl in einer Schüssel über einem lauwarmen Wasserbad erwärmen, bis es flüssig ist. Kakaopulver und Honig oder Agavensirup untermischen. Die Sauce auf der Blaubeermarmelade verteilen.

5 Die Förmchen etwa 2 Stunden in den Kühlschrank oder ins Tiefkühlfach stellen, bis die Schokolade fest ist. Etwa 20 Minuten vor dem Servieren die Küchlein herausnehmen und mit frischen Blaubeeren dekorieren.

BODEN
6 getrocknete Aprikosen
120 g Cashewnüsse
1 Limette
1 EL Honig

BLAUBEERMARMELADE
225 g frische Blaubeeren (oder 300 g aufgetaute Blaubeeren)

SCHOKOLADENSAUCE
200 ml Kokosöl
60 g Kakaopulver
70 g Honig oder Agavensirup

TOPPNG
frische Blaubeeren (oder andere Beeren nach Geschmack)

LAKRITZ-FUDGE

ALS ICH NOCH GEWÖHNLICHE SÜSSIGKEITEN GEGESSEN HABE, MOCHTE ICH GERNE LAKRITZ-FUDGE. HIER IST EINE ROHKOST-VARIANTE, DIE NOCH BESSER SCHMECKT UND DEN KÖRPER FRÖHLICHER MACHT! DAS LAKRITZPULVER KÖNNEN SIE ONLINE BESTELLEN.

Für 10 Stück | Zubereitungszeit 5 Minuten | Kühlen 1 Stunde

150 g Pekannüsse
4 EL Honig
ca. 3 TL Lakritzpulver

1 Die Pekannüsse in der Küchenmaschine fein mahlen. Den Honig und das Lakritzpulver dazugeben und unterarbeiten. Je nach Geschmack etwas mehr Lakritzpulver untermischen.

2 Die Masse zuerst zu 10 kleine Bällchen, dann mit den Fingern zu Würfeln formen und 1 Stunde in den Kühlschrank stellen.

BANANENEIS
MIT SCHOKOLADENSAUCE

EIN TOLLES REZEPT FÜR EINGEFRORENE BANANENSTÜCKCHEN. DAS EIS IST SO LECKER, DASS SIE NICHT GENUG DAVON BEKOMMEN KÖNNEN.

Für 2 Portionen | Zubereitungszeit 10 Minuten

2 Bananen

SCHOKOLANENSAUCE
30 g Kokosöl
1–3 EL Kakaopulver
½ EL Agavensirup

1 Die Bananen schälen, in Stücke schneiden und etwa 24 Stunden ins Tiefkühlfach stellen. Die Bananenstücke 10 Minuten antauen lassen und im Mixer zu einem cremigen Eis mixen.

2 Für die Sauce das Kokosöl in einer Schüssel über einem lauwarmen Wasserbad erwärmen, bis es flüssig ist. Das Kokosöl mit 1 EL Kakaopulver und Agavensirup verrühren. Dann je nach Geschmack das übrige Kakaopulver unterrühren.

3 Das Eis in zwei Schälchen füllen. Die Schokoladensauce darübergießen und in ein paar Minuten fest werden lassen. Dann das Eis servieren.

MÖHRENKUCHEN

DIESES REZEPT ENTSTAND EINES ABENDS, ALS ICH GROSSES VERLANGEN NACH ETWAS SÜSSEM HATTE. FREI NACH DEM MOTTO »MAN NEHME, WAS MAN HAT« WURDE DARAUS EIN FEINER MÖHRENKUCHEN.

Für 4 Portionen | Zubereitungszeit 15 Minuten

BODEN

4 Möhren
1 Apfel
1 Zitrone
4 frische Datteln
ca. 30 g ungeschälte Mandeln
2 TL Zimtpulver
½ TL frisch geriebene Muskatnuss

TOPPING

Cashewsahne (siehe Seite 110)
Rosinen zum Bestreuen
grob gehackte Walnüsse zum Bestreuen

1 Für den Boden die Möhren putzen, schälen und fein reiben. Die Möhrenraspel in ein Tuch geben und den Saft ausdrücken (er wird nicht verwendet). Den Apfel waschen und grob reiben. Die Zitrone heiß waschen und abtrocknen, die Schale fein abreiben. Die Datteln entsteinen und in kleine Stücke schneiden.

2 Die Mandeln mit einem Messer oder in der Küchenmaschine fein hacken. Die Mandeln mit Möhren- und Apfelraspel, Datteln, Zimtpulver, Muskat und Zitronenschale in eine Schüssel geben und mit den Händen gut vermischen. Den Teig als Boden in eine Tarteform (oder auf eine Platte) drücken und kalt stellen.

3 Inzwischen die Cashewsahne nach dem Rezept auf Seite 110 zubereiten und in den Kühlschrank stellen.

4 Vor dem Servieren den Kuchen mit Cashewsahne bestreichen, mit Rosinen und grob gehackten Walnüssen bestreuen.

Variante
Statt der frischen Möhren können Sie auch die trockene Rübenmasse von 4 Möhren verwenden, die beim Entsaften übrig bleibt.

NUSSFREIER
BLAUBEER-CHEESECAKE

ES GEHT AUCH OHNE NÜSSE! WER SIE NICHT VERTRÄGT, VERWENDET SONNENBLUMENKERNE.

Für 12–14 Stücke | Zubereitungszeit 35 Minuten | Einweichen 4 Stunden | Einfrieren 4 Stunden

BODEN

10 Datteln
175 g Kokosflocken
1 kleine Prise Himalayasalz

FÜLLUNG

300 g Sonnenblumenkerne
150 ml Kokosöl
1 Bio-Zitrone
50 g Kokospalmenzucker
1 TL Vanillepulver
1 kleine Prise Salz
250 g tiefgekühlte Blaubeeren

TOPPING

100 g tiefgekühlte Blaubeeren

1 Die Datteln entsteinen. Sonnenblumenkerne 2–4 Stunden einweichen. Datteln, Kokosflocken und Salz zu einer homogenen Masse verarbeiten. Den Boden einer Springform (20 cm Ø) mit Frischhaltefolie auslegen. Den Teig gleichmäßig darauf verteilen. Die Form ins Tiefkühlfach stellen.

2 Kokosöl erwärmen, bis es flüssig ist. Die Zitrone heiß waschen und abtrocknen, die Schale abreiben, den Saft auspressen. Sonnenblumenkerne, Kokosöl, 100 ml Wasser, Kokospalmenzucker, Vanillepulver, Salz und die unaufgetauten Blaubeeren pürieren.

3 Die Füllung auf dem Teig verteilen. Mindestens 4 Stunden tiefkühlen. Mit Beeren dekorieren und 20–30 Minuten auftauen lassen.

RAW DELIGHT

WALNÜSSE UND HANFSAMEN VERSORGEN UNS MIT GESUNDEN FETTEN UND MACHEN UNS INTELLIGENTER. DIE GOJIBEEREN STÄRKEN DAS IMMUNSYSTEM MIT IHREM HOHEN GEHALT AN ANTIOXIDANZIEN UND DAS ROHE KAKAOPULVER ENTHÄLT EINE SUBSTANZ, DIE GLÜCKSGEFÜHLE WECKT.

Für 10–15 Stück | Zubereitungszeit 10 Minuten | Kühlen 1 Stunde

240 g Kakaobutter
135 g Walnüsse
100 g geschälte Hanfsamen
6 EL Gojibeeren
3 EL Kakaopulver
1 Prise Salz
2 TL Vanillepulver
1 ½ EL Agavensirup oder Honig

1 Die Kakaobutter in Stücke schneiden und in einer Schüssel über einem lauwarmen Wasserbad erwärmen, bis sie flüssig ist. Die Wahlnüsse in der Küchenmaschine oder mit einem Messer grob hacken.

2 Walnüsse, Hanfsamen, Gojibeeren, Kakaopulver, Salz und Vanillepulver in eine Schüssel geben. Die flüssige Kakaobutter darübergießen. Den Agavensirup oder Honig hinzufügen und alles gründlich mischen.

3 Die Masse in eine etwa 3 cm hohe Form drücken und etwa 1 Stunde in den Kühlschrank stellen. Zum Genießen die Masse in 10–15 Würfel schneiden!

Vanillepulver hat eine braunschwarze Farbe und ein sehr intensives Aroma. Es wird aus ganzen Vanilleschoten schonend gemahlen, hat eine klumpige bis krümelige Konsistenz und ist im Bioladen oder Reformhaus erhältlich. Das hochwertige Gewürz sollten Sie luftdicht, kühl und dunkel aufbewahren.

KRAFTTRÜFFEL

KAKAOBUTTER IST DIE BASIS FÜR DIESE TRÜFFEL. DIE TRÜFFEL KÖNNEN SIE MIT SUPERFOOD NACH WAHL ANREICHERN. DIESE VARIANTE WIRKT WIE EINE VITAMINTABLETTE! WENN SIE DEN AGAVENSIRUP DURCH ETWAS STEVIA ERSETZEN, BELASTEN DIE TRÜFFEL AUCH DEN BLUTZUCKER NICHT SO SEHR.

Für 12–15 Stück | Zubereitungszeit 10 Minuten | Kühlen 30 Minuten

190 g Kakaobutter
2 EL Acaipulver
1 EL Weizengraspulver
50 g Hanfsamen
1 Prise Salz
2 EL Agavensirup oder
1 Msp. Stevia
4 EL Carobpulver

1 Die Kakaobutter in Stücke schneiden und in einer Schüssel über einem lauwarmen Wasserbad erwärmen, bis sie flüssig ist. Acaipulver, Weizengraspulver, Hanfsamen, Salz, Agavensirup oder Stevia und Carobpulver dazugeben und unterrühren, bis alles gut vermischt ist.

2 Die Masse in 12–15 kleine Pralinenförmchen oder Eiswürfelbereiter (am besten aus Silikon) füllen. Anschließend die Förmchen etwa 30 Minuten in den Kühlschrank oder ins Tiefkühlfach stellen, bis sie fest sind.

BLAUBEERMOUSSE

EINE LECKERE MOUSSE ODER TIEFGEKÜHLT EIN ERFRISCHENDES BLAUBEEREIS FÜR WARME TAGE, AN DENEN SIE SICH EIN LEICHTES DESSERT WÜNSCHEN.

Für 2 Portionen | Zubereitungszeit 5 Minuten

110 g tiefgekühlte Blaubeeren
6 Datteln
1 Msp. Vanillepulver
2 Avocados

1 Die Blaubeeren auftauen lassen. Die Datteln entsteinen. Die Datteln mit 2 EL Wasser und Vanillepulver in der Küchenmaschine verarbeiten.

2 Die Avocados halbieren, entsteinen, schälen und in Stücke schneiden. Die Avocadostücke dazugeben und untermixen. Dann die Blaubeeren hinzufügen und alles pürieren, bis eine mousseähnliche Konsistenz entsteht. Die Mousse in Schälchen füllen.

SCHOKOPUDDING

MIT CHIASAMEN

WENN MAN SICH VON ROHEN LEBENSMITTELN ERNÄHRT, DARF MAN SCHOKOLADENPUDDING ZUM FRÜHSTÜCK ESSEN. DAMIT SIND SIE AUCH FÜR EINEN NEUEN TAG BEREIT.

Für 2 Portionen | Zubereitungszeit 5 Minuten | Einweichen 8 Stunden | Quellen 1-8 Stunden

3 EL ungeschälte Mandeln
1 EL Kakaopulver
1/2 EL Honig
2 EL Chiasamen
Gojibeeren, Banane, Walnüsse oder getrocknete Aprikosen (nach Belieben)

1 Aus den Mandeln und 200 ml Wasser Mandelmilch zubereiten. Dafür die Mandeln etwa 8 Stunden einweichen, dann enthäuten. Die Mandeln mit 200 ml Wasser im Mixer pürieren. Die Mandelmilch durch ein Sieb gießen und auffangen. Die Mandelmasse durch das Sieb drücken.

2 Die Mandelmilch mit Kakaopulver und Honig mischen und in eine Schüssel geben. Die Chiasamen unterrühren und 1–8 Stunden quellen lassen. Nach Belieben mit Gojibeeren, Bananenscheiben, gehackten Walnüssen oder gehackten getrockneten Aprikosen bestreuen.

ERDBEERCREME

ERDBEERCREME OHNE MILCH – EIN HERRLICHER SOMMERGENUSS. DIE CREME KANN NATÜRLICH AUCH DAS GANZE JAHR ÜBER GENOSSEN WERDEN! DIE SÜSSEN BEEREN SIND REICH AN EISEN UND SEHR GESUND.

Für 2 Portionen | Zubereitungszeit 5 Minuten | Einweichen 8 Stunden

5 getrocknete Aprikosen
225 g tiefgekühlte Erdbeeren
(oder 240 g frische Erdbeeren)
1 Stück frischer Ingwer
(ca. 2 cm)

1 Die getrockneten Aprikosen 4–8 Stunden einweichen. Die tiefgekühlten Erdbeeren auftauen lassen.

2 Die frischen Erdbeeren waschen, putzen und je nach Größe halbieren. Den Ingwer schälen und fein reiben.

3 Die aufgetauten oder frischen Erdbeeren, die eingeweichten Aprikosen, den Ingwer und 250–500 ml Wasser oder Einweichwasser von den Aprikosen in einen Mixer geben und alles cremig pürieren. Die Creme in Schälchen füllen.

WALNUSS FUDGE

ANSTATT FUDGE AUS ZUCKER UND SAHNE ZU ESSEN, KÖNNEN SIE BEI DIESER ROHKOST-VARIANTE DIE SÜSSE VON DATTELN GENIESSEN.

Für 10–15 Stück | Zubereitungszeit 10 Minuten | Kühlen 1-2 Stunden

500 g Walnüsse
10 Datteln
125 ml Kokosöl
1 Prise Salz
20 g Lucumapulver

1 Die Walnüsse in der Küchenmaschine fein hacken. Die Datteln entsteinen. Das Kokosnussöl in einer Schüssel über einem lauwarmen Wasserbad schmelzen lassen. Salz und 20 g Lucumapulver unter die Walnüsse mischen. Datteln und Kokosöl dazugeben und ebenfalls untermischen. Wenn der Geschmack intensiver sein soll, mit noch mehr Lucumapulver würzen.

2 Die Masse zu einem 6 cm hohen Quadrat formen und dieses in 10–15 Quadrate schneiden. Walnuss Fudge 1–2 Stunden in den Kühlschrank stellen.

KOKOSSTÜCKCHEN

EIN HERRLICH SÜSSER SNACK FÜR UNTERWEGS ODER FÜR DEN SÜSSHUNGER ZWISCHENDURCH. WENN SIE DIE STÜCKCHEN IM TIEFKÜHLFACH AUFBEWAHREN, KÖNNEN SIE DIE STÜCKCHEN ALS HERRLICHES KOKOSEIS GENIESSEN.

Für 6–8 Stück | Zubereitungszeit 20 Minuten | Einfrieren 1 Stunde

KOKOSMASSE

45 g Kakaobutter
50 ml Kokosöl
35 g Kokosflocken
1 Prise Salz
3 EL Agavensirup

ÜBERZUG

95 g Kakaobutter
40 g Kakaopulver
4 EL Agavensirup

1 Für die Kokosmasse die Kakaobutter und das Kokosöl in einer Schüssel über einem lauwarmen Wasserbad erwärmen, bis beides flüssig ist. Kokosflocken, Salz und Agavensirup hinzufügen und alles gut vermischen.

2 Aus der Masse 6–8 längliche Rollen formen. Die Kokosstücke etwa 1 Stunde ins Tiefkühlfach geben.

3 Für den Überzug die Kakaobutter in einer Schüssel über einem lauwarmen Wasserbad erwärmen, bis sie flüssig ist. Die Kakaobutter mit Kakaopulver und Agavensirup verrühren.

4 Die Kokosrollen damit bestreichen und in den Kühlschrank stellen, bis der Überzug fest ist.

Snacks und Rohkostriegel halten sich gut verpackt im Kühlschrank etwa eine Woche und im Tiefkühlfach sogar mehrere Monate. So hat man immer einen Vorrat parat.

KONFEKTROLLEN

VARIIEREN SIE DAS AROMA UND DIE FORM DES KONFEKTS – CAROB- STATT KAKAOPULVER, LIMETTE STATT ORANGE, MIT MINZE ODER NELKE. MACHEN SIE ZUR ABWECHSLUNG MAL SNACKBÄLLCHEN DARAUS. EGAL IN WELCHER FORM SIE DAHERKOMMEN – SIE SCHMECKEN IMMER.

Für 8–10 Stück | Zubereitungszeit 15 Minuten | Kühlen 2 Stunden

15 g Datteln
125 g Sonnenblumenkerne
85 g Kokosflocken
50 ml frisch gepresster Orangensaft
2–4 EL Kakaopulver
1 TL Vanillepulver
1 Msp. Cayennepfeffer
etwas abgeriebene Schale von 1 Bio-Orange (nach Belieben)
ca. 35 g Kokosflocken zum Wälzen

1 Die Datteln entsteinen. Die Sonnenblumenkerne und Kokosflocken in einer Küchenmaschine fein mahlen. Datteln, Kokosflocken, Orangensaft oder 50 ml Wasser, 2 EL Kakaopulver, Vanillepulver, Cayennepfeffer und nach Belieben etwas Orangenschale hinzufügen und verarbeiten, bis alles vermischt ist. Wenn die Masse schokoladiger sein soll, noch 1–2 EL Kakaopulver untermischen. Der Teig sollte formbar sein, sonst noch etwas Wasser unterarbeiten.

2 Den Teig in 8–10 gleich große Stücke teilen. Die Stücke zu etwa 7 cm langen und etwa 3 cm dicken Rollen oder Bällchen formen. Die Rollen oder Bällchen rundum in Kokosflocken wälzen und sofort 1–2 Stunden in den Kühlschrank stellen.

BONUSREZEPTE
ZUM EXPERIMENTIEREN

Jetzt sind Sie damit vertraut, sich mit dem Mixer und der Küchenmaschine leckere Rohkost-Mahlzeiten zuzubereiten. Der nächste Schritt ist das Trocknen von Keksen, Kuchen, Pizzaböden und Brot in einem Dehydrator oder einem Trockenofen. Die Zubereitung dieser Gerichte nimmt viel Zeit in Anspruch, doch der Aufwand lohnt sich. Der Trockenofen (Dehydrator oder Dörrapparat) ist eine Art »Rohkost-Ofen«. Wenn Sie keinen Trockenofen haben oder sich keinen anschaffen möchten, verwenden Sie Ihren Backofen und versuchen Sie, die Temperatur so genau wie möglich auf 42 °C einzustellen. Lassen Sie dann die Ofentür etwas geöffnet, damit der Dampf abziehen kann. Oder öffnen Sie ab und zu die Backofentür. Die Trockenzeit kann variieren, je nachdem, ob Sie einen Trockenofen oder einen gewöhnlichen Ofen verwenden. Experimentieren Sie und finden Sie heraus, wie lange Ihr Ofen braucht, und beachten Sie die Angaben des Herstellers.

Für den Trockenofen gibt es spezielle Einlagen, sie sind aus einer Art gewachstem Backpapier hergestellt und können mehrmals verwendet werden. Für den Backofen verwenden Sie am besten eine Silikonmatte aus einem gut sortierten Hauhaltswarengeschäft.

Die Bonusrezepte in diesem Kapitel geben Ihnen einen Überblick über die vielfältigen Anwendungsmöglichkeiten und zeigen Ihnen, was Sie damit an Leckereien herstellen können. Sie laden zum Weitermachen und Experimentieren ein.

BUCHWEIZENMÜSLI

DAS GUTE AM BUCHWEIZENMÜSLI IST, DASS ES AUCH PERFEKT ALS ZWISCHENMAHLZEIT PASST. SERVIEREN SIE ES MIT NUSSMILCH! MEIN REZEPT ERGIBT EINE GROSSE MENGE, DIE SIE HALBIEREN KÖNNEN, WENN SIE ERST EINMAL PROBIEREN MÖCHTEN.

Für 15 Portionen | Zubereitungszeit 15 Minuten | Einweichen 8 Stunden | Trocknen 10–15 Stunden

1 Liter Buchweizen
500 g Walnüsse
250 g Kürbiskerne
140 g Leinsamen
2–4 EL Zimtpulver
1–2 EL gemahlener Kardamom
150 g Gojibeeren

1 Den Buchweizen 8 Stunden einweichen (und nach Belieben in 24 Stunden keimen) lassen. Walnüsse und Kürbiskerne separat jeweils 4–8 Stunden und Leinsamen mit 400 ml Wasser 1–4 Stunden einweichen.

2 Anschließend den Buchweizen abgießen und in einem Sieb gut abwaschen und abtropfen lassen. Den Buchweizen mit Leinsamen (Einweichwasser ist aufgesogen), Zimtpulver und Kardamom mischen und die Mischung auf drei Bleche für den Trockenofen (zwei Bleche für den Backofen) verteilen.

3 Die Walnüsse abgießen und auf zwei Bleche (oder auf ein Blech für den Backofen) geben. Die Kürbiskerne ebenfalls abgießen und auf ein Blech verteilen.

4 Dann alles im Trockenofen oder Backofen bei 42 °C 10–15 Stunden trocknen lassen, bis alles durch und durch trocken ist. Das Trocknen der Walnüsse dauert am längsten.

5 Die Buchweizenmischung in eine Schüssel geben. Die Gojibeeren, Zimtpulver, Kardamom, Walnüsse und Kürbiskerne untermischen. Die Müslimischung in einer gut schließenden Box oder in Tüten aufbewahren. So hält sie sich etwa 3 Monate.

ZWIEBELBROT

LECKER ZUM MITTAGESSEN, FÜR ZWISCHENDURCH ODER ABENDS. SIE KÖNNEN ES AUCH ALS PIZZABODEN ODER ALS LASAGNEPLATTEN VERWENDEN. AM BESTEN SIE BEREITEN GLEICH DIE DOPPELTE MENGE ZU – WENN DER OFEN SCHON MAL AN IST.

Für 15–20 Scheiben | Zubereitungszeit 20 Minuten | Trocknen 24 Stunden

4 mittelgroße Zwiebeln
100 g Sonnenblumenkerne
140 g Leinsamen
75–100 ml Tamari-Sojasauce
100 ml Olivenöl

1 Die Zwiebeln schälen, am besten in der Küchenmaschine in feine Scheiben schneiden und in eine Schüssel legen. Die Sonnenblumenkerne und Leinsamen in einer elektrischen Kaffeemühle oder im Blitzhacker fein mahlen.

2 Die Zwiebeln mit gemahlenen Sonnenblumenkernen und Leinsamen, Tamari-Sojasauce und Olivenöl gut vermischen. Sollte die Mischung zu trocken sein, noch etwas Öl oder Wasser untermischen.

3 Den Teig etwa ½ cm dick auf gewachstes Backpapier streichen. Das Brot im Trockenofen bei 42 °C etwa 24 Stunden trocknen lassen. Oder die Masse im Backofen bei 42 °C trocknen lassen. Dabei zwischendurch die Backofentür öffnen, damit die Feuchtigkeit entweichen kann.

4 Nach etwa 12 Stunden das Brot umdrehen. Nach dem Trocknen das Zwiebelbrot in Vierecke schneiden. Dazu passt Creamcheese.

5 Das Brot hält sich im Kühlschrank bis zu einer Woche oder im Tiefkühlfach mehrere Monate.

CREAMCHEESE

DIESER CREAMCHEESE EIGNET SICH AUSGEZEICHNET ALS BROTAUFSTRICH ODER BEILAGE ZU SALATEN UND NUSSFRIKADELLEN. VARIIEREN SIE MIT FRISCHEN KRÄUTERN ODER GEWÜRZEN.

Für 8 Portionen | Zubereitungszeit 10 Minuten | Kühlen 2 Stunden

225 g Cashewnüsse
2 EL Zitronensaft
1 EL Apfelessig
½ TL Himalayasalz

1 Die Cashewnüsse mit Zitronensaft, Apfelessig, 250 ml Wasser und Salz in einen Mixer geben und alles cremig pürieren. Eventuell noch 2 EL Wasser hinzufügen, wenn sich die Zutaten schwer mischen lassen.

2 Den Frischkäse in eine gut schließende Box füllen und etwa 2 Stunden in den Kühlschrank stellen, dann servieren. Gekühlt hält sich der Creamcheese 4–5 Tage.

ROHKOST-PIZZA
À LA ERICA

ICH LIEBE DIESE PIZZA! ICH WAR NIE EIN PIZZAFAN, BEVOR ICH AUF ROHKOST UMGESTELLT HABE. ABER JETZT BIN ICH BEGEISTERT. ICH WÜNSCHTE NUR, MAN KÖNNTE SIE BEIM PIZZASERVICE BESTELLEN. DIE ZUBEREITUNG DIESER PIZZA IST VIELLEICHT ETWAS UMSTÄNDLICH, ABER ICH VERSPRECHE, DASS SICH DIE MÜHE LOHNT.

Für 4 Portionen | Zubereitungszelt 20 Minuten | Einweichen 8 Stunden | Trocknen 30 Minuten

1 Den Buchweizen 8 Stunden und die sonnengetrockneten Tomaten 1 Stunde einweichen.

2 Die Sonnenblumenkerne in der Küchenmaschine fein mahlen, Den Buchweizen abgießen, abwaschen, abtropfen lassen, hinzufügen und erneut mahlen. Öl und Salz untermischen. Wenn nötig, noch etwas Wasser unter den Teig mischen. Der Teig sollte klebrig und fest sein.

3 Die Masse mit den Händen etwa ½ cm dick auf gewachstes Backpapier (oder auf eine Silikonmatte) streichen. Den Pizzaboden im Trockenofen bei 42 °C etwa 20 Stunden trocknen lassen. Oder die Masse im Backofen bei 42 °C trocknen lassen. Dabei zwischendurch die Backofentür öffnen, damit die Feuchtigkeit entweichen kann. Nach 5 Stunden den Boden mehrmals einritzen. Nach 10 Stunden den Boden wenden. Nach dem Trocknen sollte der Boden durchgebacken und noch etwas teigig sein. Die Champignons putzen, abreiben, in Scheiben schneiden und etwa 8 Stunden trocknen lassen.

4 Für die Sauce die Tomaten waschen und ohne Stielansätze klein schneiden. Mit getrockneten Tomaten im Mixer cremig pürieren.

5 Für den »Käse« die Paranüsse in der Küchenmaschine grob hacken. Den Knoblauch schälen. Knoblauch, Zitronensaft, Salz und Olivenöl unter die Paranüsse mixen. Für den Belag die Avocado halbieren, entsteinen und in Scheiben schneiden. Die Paprikaschote putzen, waschen und in dünne Ringe schneiden. Rucola waschen, verlesen und zerzupfen. Den Pizzaboden mit Tomatensauce, »Käse«, Gemüse, Kapern und Oliven belegen.

PIZZATEIG

260 g Buchweizen
5 sonnengetrocknete Tomaten
2 EL Olivenöl
½ TL Salz

TOMATENSAUCE

2 Tomaten
150 g Sonnenblumenkerne

KÄSE

100 g Paranüsse
1 Knoblauchzehe
1 TL Zitronensaft
1 Prise Salz
½ EL Olivenöl

BELAG

15 Champignons
1 Avocado
1 Paprikaschote
70 g Rucola
Kapern (nach Geschmack)
Oliven (nach Geschmack)

MANDEL-CASHEWNUSS-BUTTER

EIN SEHR LECKERER AUFSTRICH FÜR LEINSAMENKEKSE ODER GEKEIMTES HANFBROT.

Für 15 Portionen | Zubereitungszeit 10 Minuten

ca. 100 g ungeschälte Mandeln
90 g Cashewnüsse
5 EL Kokosöl
1 TL Tamari-Sojasauce

1 Die Mandeln und Cashewnüsse in der Küchenmaschine fein mahlen und in eine Schüssel geben.

2 Das Kokosöl in einer Schüssel über einem lauwarmen Wasserbad erwärmen, bis es flüssig ist. Das Kokosöl und die Sojasauce im Mixer mixen und das Nussmehl nach und nach untermixen.

KOKOSNUSS-CRACKER

DIE BRAUNEN CRACKER SCHMECKEN SEHR GUT ZUM NACHMITTAGSTEE. RICHTIG GLÜCKLICH MACHEN SIE MIT KOKOSÖL UND EIN PAAR FRISCHEN HIMBEEREN ODER HIMBEERMARMELADE ODER EINGEWEICHTEN APRIKOSEN DARAUF.

Für 20 Stück | Zubereitungszeit 15 Minuten | Einweichen 4 Stunden | Trocknen 15 Stunden

210 g braune Leinsamen
70 g Kokosflocken
3 EL Mesquitepulver

1 Die Leinsamen in der doppelten Menge Wasser 4 Stunden einweichen. Dann die eingeweichten Leinsamen mit den Kokosflocken in der Küchenmaschine zu einem Teig verarbeiten. Das Mesquitepulver dazugeben und untermischen.

2 Den Teig dünn auf gewachstes Backpapier (oder auf eine Silikonmatte) streichen und im Trockenofen bei 42 °C etwa 15 Stunden trocknen lassen. Oder die Masse im Backofen bei 42 °C trocknen lassen. Dabei zwischendurch die Backofentüre öffnen, damit die Feuchtigkeit entweichen kann. Die Cracker halten sich in einer gut schließenden Dose mehrere Monate.

MANGO-ERDBEER-
SCHNÜRE

VERWENDEN SIE TIEFGEKÜHLTE ODER FRISCHE BEEREN. DIE MISCHUNG KANN AUCH ALS CREME ODER SMOOTHIE ZUBEREITET WERDEN, FALLS SIE KEINE SCHNÜRE TROCKNEN WOLLEN. GEBEN SIE EINFACH MEHR WASSER DAZU UND TRINKEN SIE DIE MISCHUNG!

Für 8 Schnüre | Zubereitungszeit 15 Minuten | Trocknen 20 Stunden

10 Erdbeeren (frische oder tiefgekühlte)
1 Mango
1 Banane
2 Datteln

1 Frische Erdbeeren waschen, putzen und je nach Größe halbieren. Tiefgekühlte Beeren auftauen lassen. Die Mango schälen, das Fruchtfleisch zuerst vom Stein und dann in Stücke schneiden. Die Banane schälen und ebenfalls in Stücke schneiden. Die Datteln entsteinen.

2 Die Erdbeeren mit Datteln, Mango- und Bananenstücken in den Mixer geben und pürieren. Die Masse etwa 2 mm dick auf gewachstem Backpapier (oder auf einer Silikonmatte) verteilen.

3 Die Masse im Trockenofen bei 42 °C etwa 20 Stunden trocknen lassen. Oder die Masse im Backofen bei niedrigster Wärmestufe trocknen lassen. Dabei zwischendurch die Backofentür öffnen, damit die Feuchtigkeit entweichen kann.

4 Die getrocknete Fruchtmasse mit einem scharfen Messer in acht etwa 4 cm breite Schnüre schneiden.

BEERENSTREIFEN

SIE SIND BESTENS ZUM MITNEHMEN AUF EINEN AUSFLUG GEEIGNET. SIE ÄHNELN EINEM SMOOTHIE, DER ZU LECKEREN STREIFEN GETROCKNET WURDE.

Für 8 Streifen | Zubereitungszeit 15 Minuten | Trocknen 20 Stunden

8 getrocknete Aprikosen
300 g tiefgekühlte Himbeeren
1 Banane

1 Die getrockneten Aprikosen 4–10 Stunden einweichen. Die Himbeeren halb auftauen lassen.

2 Die Banane schälen und in Stücke schneiden. Die Bananenstücke mit Aprikosen und Himbeeren im Mixer glatt pürieren. Die Masse etwa 2 mm dick auf gewachstem Backpapier verteilen.

3 Die Masse im Trockenofen bei 42 °C etwa 20 Stunden trocknen lassen. Oder die Masse im Backofen bei niedrigster Wärmestufe trocknen lassen. Dabei zwischendurch die Backofentür öffnen, damit die Feuchtigkeit entweichen kann. Die getrocknete Fruchtmasse in acht etwa 4 cm breite Streifen schneiden.

HASELNUSSPLÄTZCHEN
MIT KAKAONIBS

SIE SIND SUPERLECKER UND SEHR GUT ZUM MITNEHMEN GEEIGNET, WEIL DIE KAKAOSTÜCKCHEN DARIN NICHT WIE ÜBLICHE SCHOKOLADE IN DER SONNE SCHMELZEN.

Für 20 Stück | Zubereitungszeit 10 Minuten | Trocknen 18–24 Stunden

300 g Haselnüsse
75 ml Agavensirup oder flüssiger Honig
1 Prise Salz
50 g Kakaonibs

1 Die Haselnüsse in der Küchenmaschine fein mahlen. Den Agavensirup oder Honig dazugeben und alles gut verarbeiten. Die Masse in eine Schüssel geben, Salz und Kakaonibs untermischen.

2 Aus der Masse 20 Plätzchen formen. Die Plätzchen auf ein Backblech legen und im Trockenofen bei 42 °C 18–24 Stunden trocknen lassen. Oder die Plätzchen im Backofen bei 42 °C trocknen lassen. Dabei zwischendurch die Backofentür öffnen, damit die Feuchtigkeit entweichen kann. Im Trockenofen dauert es etwas länger als im Backofen.

3 Die Plätzchen schmecken besonders gut, wenn sie noch etwas zäh sind, und halten sich im Kühlschrank etwa eine Woche. Wenn sie ganz trocken sind, halten sie sich in einer gut schließenden Dose mehrere Monate.

Getrocknete Kekse, Kuchen und Pizzaböden (siehe Seite 128) halten sich mehrere Monate. Je trockener sie zubereitet werden, desto länger kann man sie aufbewahren. Verwenden Sie zum Aufbewahren bei Zimmertemperatur gut schließende Dosen. Etwas weichere Kuchen halten sich im Kühlschrank etwa eine Woche.

CHILI-BROWNIES

SCHÖN SCHARF, HERRLICH SCHOKOLADIG UND SUPERLECKER! JEDER BISSEN EIN GENUSS.

Für 10–15 Stück | Zubereitungszeit 30 Minuten

TEIG

10 Datteln
180 g Walnüsse
40 g Kakaopulver
Salz
1 Prise Cayennepfeffer
1–3 TL Chilipulver

SCHOKOLADENSAUCE

60 g Kokosöl
3 EL Agavendicksaft
4 EL Kakaopulver

TOPPING

10–15 Walnusshälften

1 Die Datteln entsteinen und hacken. Die Walnüsse in der Küchenmaschine fein mahlen. Kakaopulver, Salz, Cayennepfeffer und 1 TL Chilipulver mischen und unter die Nüsse mixen. Die Datteln dazugeben und untermixen. Die Masse je nach Geschmack mit weiteren 1–2 TL Chilipulver würzen und zu 10–15 runde Brownies formen und auf ein Kuchengitter setzen.

2 Für die Schokoladensauce das Kokosöl in einer Schüssel über einem lauwarmen Wasserbad erwärmen, bis es flüssig ist. Agavendicksaft und Kakaopulver unterrühren. Die Brownies mit der Sauce überziehen, mit je 1 Walnusshälfte verzieren und in den Kühlschrank stellen, bis die Schokoladensauce fest ist.

GEMÜSECHIPS

EINE FEINE, SELBST GEMACHTE KNABBEREI FÜR ZWISCHEN-DURCH ODER DEN ABEND – DIESE CHIPS SIND VIEL GESÜNDER ALS DIE IN ÖL FRITTIERTEN KARTOFFELCHIPS.

Für 4 Portionen | Zubereitungszeit 10 Minuten | Trocknen 20 Stunden

½ Butternusskürbis
1 Süßkartoffel
4 Möhren
2 Pastinaken
1 TL Salz
1–2 EL Olivenöl

1 Den Kürbis entkernen und schälen. Süßkartoffel, Möhren und Pastinaken ebenfalls schälen. Kürbis, Süßkartoffel, Möhren und Pastinaken mit einem Schäler in Streifen schneiden.

2 Das Gemüse in einer Schüssel mit Salz und Olivenöl vermischen. Das Gemüse auf einem Backblech verteilen und im Trockenofen bei 42 °C 14–20 Stunden trocknen lassen. Oder das Gemüse im Backofen bei 42 °C trocknen lassen. Dabei zwischendurch die Backofentür öffnen, damit die Feuchtigkeit entweichen kann.

GLOSSAR

ACAIPULVER

Acai ist eine kleine, dunkelrote bis schwarze Frucht der Acaipalme und kommt am unteren Amazonas in Brasilen vor. Da die Früchte nicht lange haltbar sind, werden sie gleich nach der Ernte gefriergetrocknet und zu Pulver verarbeitet. Das vitalstoffreiche Pulver kommt als Naturprodukt ohne Zusätze auf den Markt und ist reich an Mineralstoffen, Ballaststoffen, Vitaminen und Eiweiß. Das Pulver ist leicht löslich und wird beispielsweise zur Anreicherung von Müslis oder Smoothies empfohlen.

DATTELN

Getrocknete Früchte sind reich an Eisen und Kalium. Durch ihre natürliche Süße können sie sehr gut als Ersatz für Zucker verwendet werden. Ihr hoher Ballaststoffgehalt regt die Verdauung an. Wenn Sie es nicht ganz so süß mögen, kaufen Sie frische Datteln, die es ganzjährig im Handel gibt. Etwas Besonderes sind die dicken Medjoul-Datteln mit einem honigsüßen und weichen Fruchtfleisch. Sie kommen naturgetrocknet in den Handel. Man kann sie einfach so und als Zutat in feinen Rohkost-Desserts oder Rohkost-Kuchen genießen.

GRANATÄPFEL

Sie enthalten unter ihrer rötlich-braunen Schale bis zu 150 Samenkerne. Die Kerne sind von rotem Fruchtfleisch umhüllt und sind in Kammern aus gelblichen Häuten angeordnet. Sie haben ein volles, süß-säuerliches Aroma. Zur Verwendung die Granatäpfel quer halbieren und die Kerne mit einem Löffel über einer Schüssel mit einem Sieb vorsichtig herauslösen, damit es nicht spritzt. Denn Granatapfelsaft hinterlässt bleibende Flecken.

INKABEEREN

Die süß-säuerlichen Früchte sind auch als Physalis oder Kapstachelbeere bekannt. Die getrockneten Früchte enthalten viele Vitamine, beispielsweise C, B_1, B_2, B_6, B_{12}, sowie Eisen, Pektin und Eiweiß. In Südamerika werden sowohl die Blätter als auch die Früchte seit Langem in der traditionellen Naturmedizin erfolgreich verwendet.

KOKOSNUSS

Kokosraspel schmecken im Smoohie, im oder über einem Dessert oder geben einer Rohkost-Tarte einen besonderen Geschmackskick. Der Selengehalt der Kokosnuss macht aus der feinen weißen Zutat einen großen Fitmacher. Selen ist ein Spurenelement, das dem Körper beim Entgiften hilft, indem es Enzyme bildet, die Schadstoffe und Zellgifte unwirksam machen.

LUCUMAPULVER

Lucuma ist eine subtropische Frucht und stammt aus den Bergen Perus, Chiles und Equadors. Die goldgelben und leicht süßen Früchte sind sehr nährstoffreich. Nach der Ernte werden sie schonend getrocknet und sanft gemahlen. Das gesunde Pulver ist ideal zum Anreichern von beispielsweise Rohkost-Desserts und -Kuchen, Sorbets und Smoothies.

MACAPULVER

Maca ist eine Wurzelknolle aus den peruanischen Anden. Sie enthält unter anderem pflanzliches Eiweiß, Jod und Kalzium. Maca wird nach der Ernte schonend getrocknet und gemahlen. Macapulver ist ein beliebtes lösliches Superfood, das man im Smoothie mitmixen, unter Obst- und Gemüsesalat mischen und übers Müsli streuen kann.

MANGO

Diese exotische Frucht, die mittlerweile wie selbstverständlich zum Sortiment in unseren Supermärkten gehört, enthält viele Vitamine, die unsere Abwehrkräfte stärken. Die Frucht kann sehr vielseitig verwendet werden: in Smoothies, als Rohkost-Dessert oder im Müsli. In ihrem Inneren hat sie einen großen harten Stein. Das Fruchtfleisch lässt sich leicht rechts und links vom Stein in Scheiben abschneiden und nach Rezept weiterverarbeiten.

MAULBEEREN

Es gibt weiße, schwarze und rote Maulbeeren. Die Früchte sind essbar und ähneln äußerlich Brombeeren. Die weißen Früchte kommen sonnengetrocknet in den Handel, sind sehr süß, enthalten viel Kalzium und Niacin, ein B-Vitamin. Sie schmecken pur zum Naschen, in Smoothies und Fruchtsalat oder auch als Deko auf Rohkost-Desserts.

MESQUITENPULVER

Mesquitenpulver wird aus den Früchten und Schoten der Mesquitenbäume gewonnen, enthält reichlich Kalzium, Magnesium, Kalium, Eisen und Zink sowie die unentbehrliche Aminosäure Lysin. Es schmeckt süß, etwas nussig und leicht nach Karamell. Man kann das Superfood zur Nährstoffanreicherung von Rohkost-Kuchen, Rohkost-Desserts und Smoothies verwenden.

PAPAYA

Die exotische Power-Frucht enthält Beta-Karotin, das die Nervenzellen vor freien Radikalen (aggressive Sauerstoffverbindungen) im Körper schützt. Und das darin enthaltene Enzym Papain bringt den Stoffwechsel in Schwung, macht topfit und gute Laune. Achten Sie beim Einkauf auf die Schale – sie sollte nicht mehr grün, sondern gelb bis orangefarben sein. Denn das ist ein sicheres Zeichen für Reife.

PASTINAKEN

Das typische Wintergemüse ist ab Ende September bis Ende März in gut sortierten Supermärkten und auf Wochenmärkten erhältlich. Und ab August bis November kommt das milde, weiße bis cremefarbene Wurzelgemüse aus dem heimischen Gemüseanbau. Pastinaken enthalten viele ätherische Öle, die für den typischen Geruch und das würzige Aroma dieser Gemüsesorte sorgen, und den Ballaststoff Inulin sowie pflanzliches Eiweiß und Kalzium.

SÜßKARTOFFELN

Die rosafarbenen Knollen sind auch als Bataten bekannt, gehören botanisch zu den Windengewächsen und kommen im Frühsommer bis zum Beginn des Herbstes auf den Markt. Es gibt längliche, rundliche, walzen- oder spiralförmige Sorten. Süßkartoffeln sind nährstoffreich und sind auch roh gut genießbar. Sie schmecken köstlich süß, sind schön saftig und knackig. Gleichmäßig gefärbte und feste Süßkartoffeln haben die meisten Inhaltsstoffe und schmecken am besten. Kaufen Sie nicht zu viel davon auf einmal ein, denn nach ein bis zwei Wochen verlieren sie an Nährwert und Aroma.

WEIZENGRASPULVER

Das nährstoffreiche Pulver ist ein aus frischem Weizengras gewonnenes Konzentrat. Es ist im Reformhaus oder Onlineshop erhältlich, achten Sie beim Einkauf auf das Bio-Gütesiegel. Das Pulver ist leicht löslich und geschmacksneutral, es kann daher leicht unter frisch gepresste Säfte oder selbst gemixte Smoothies gerührt werden.

WILDKRÄUTER

Etwas frisches Grün sollten Sie immer in Ihren Salat oder Smoothie geben, einerseits für ein gutes Aroma und andererseits für die Gesundheit. Ob Gartenkräuter oder Wildkräuter, alle enthalten wertvolle Inhaltsstoffe. Unter anderem regen sie den Appetit und die Verdauung an und helfen dem Körper bei der Selbstreinigung. Kräuter sind Basenbildner, die somit ausgleichend auf den Säure-Basen-Haushalt wirken.

REZEPTREGISTER

SACHREGISTER

BÜCHER, DIE WEITERHELFEN

Bauer, M. G.
Die Seele läuft mit
Integral Verlag

Chopra, D.
Heilung – Körper und Seele in Ganzheit erfahren
Nymphenburger

Dr. med. Davis, W.
Weizenwampe: Warum Weizen dick und krank macht
Goldmann Verlag

Fleischhauer, S. G./Guthmann, J./Spiegelberger, R.
Essbare Wildpflanzen
200 Arten bestimmen und verwenden.
A. T. Verlag

Ganten, D./Spahl, T./Deichmann, T.
Die Steinzeit steckt in den Knochen.
Gesundheit als Erbe der Evolution
Piper Verlag

Grimm, H-U.
Garantiert gesundheitsgefährdend: Wie uns die Zucker-Mafia krank macht
Droemer Verlag

Hartmann, M.
Superfood-Smoothies
Power-Drinks mit den besten Zutaten für einen gesunden Energiekick
Hans-Nietsch-Verlag

Hildmann, A.
Vegan for Fit
Becker Joest Volk Verlag

Leitzmann, C.
Vegetarismus – Grundlagen, Vorteile, Risiken
C. H. Beck Verlag

Weiss, T./Bor, J.
Super Foods
Schirner Verlag

Wolfe, D.
Die Sonnendiät
Ein vegetarisches Programm für Vitalität und Superfitness
Goldmann Verlag

Zulley, J.
Mein Buch vom guten Schlaf
Mosaik/Goldmann

AUS DEM GRÄFE UND UNZER VERLAG

Flemmer, A./Kamp, A.
Stevia
Die gesunde & kalorienfreie Zuckeralternative

Grillparzer, Marion
Simple Detox
Das 7-Tage-Entgiftungsprogramm

Guth, C./Hickisch, B.
Grüne Smoothies
Die supergesunde Mini-Mahlzeit aus dem Mixer

Just, N.
La Veganista
Lust auf vegane Küche

Kraske, E.-M.
Säure-Basen-Balance

Linnartz, K.
All about Yoga

Lützner, H.
Wie neugeboren durch Fasten

Mosetter, Kurt
Zucker – der heimliche Killer

Sandjon, C.
Rohvolution
Das karottenknackige Einsteigerprogramm in den neuen Rohkosttrend

ADRESSEN, DIE WEITERHELFEN

INTERNET-LINKS

www.balive.org
Privater Diner-Club

www.basic-bio-genuss-fuer-alle.de
Supermarkt für ökologische Produkte

www.denns-biomarkt.de
Supermärkte für Bioprodukte

www.germanygoesraw.de
Infos für Rohköstler

www.gu.de
Wildkräuter-App

www.glycemicindex.com
GLYX-Datenbank auf Englisch

www.keimling.de
Anlaufstelle für rohköstliche Zutaten und Rohkost-Equipment

www.lebensmittelklarheit.de
Infos für Verbraucher

www.oekokiste.de
Verband bäuerlicher Lieferbetriebe

www.rawger-arohma.com
Catering, Rezepte, Shop und Event

www.rohkostgallerie.de
Produkte-Shop

www.rohsuperfood.de
Superfoods und rohe Proteinpulver

www.rohvolution.de
Internationale Vitalkostmesse in Deutschland

www.veganz.de
Vegane Supermarktkette

www.wissenschaft.de
Wissensportal

RESTAURANTS

www.essentis-biohotel.de
Vegetarisches und veganes Restaurant und Hotel

www.fairy-food.com
Vegan- und Rohkost-Restaurant

ww.gratitude-restaurant.de
Vegane Küche mit pflanzlichen Zutaten

www.lamanoverdeberlin.com
Pflanzliches Gourmet-Restaurant

www.mrclou.com
Säfte und mehr

www.restaurant-leaf.de
Veganes Restaurant

Weiterlesen tut gut.

ISBN 978-3-8338-3412-7

ISBN 978-3-8338-3663-3

ISBN 978-3-8338-2758-7

Laden im App Store

ANDROID APP BEI Google play

Laden im App Store

ANDROID APP BEI Google play

ISBN 978-3-8338-2831-7

Mehr von GU auf **www.gu.de** und
facebook.com/gu.verlag

ISBN 978-3-8338-0946-0

ISBN 978-3-8338-1684-0

ISBN 978-3-8338-2173-8

Laden im App Store

ISBN 978-3-8338-2617-7

ISBN 978-3-8338-0500-4

e Auch als eBook erhältlich.

GU

Willkommen im Leben.

IMPRESSUM

Projektleitung: Birgit Reiter

Übersetzung: Dorothea Liebel

Lektorat: Maryna Zimdars

Bildredaktion: Julia Fell

Layout & Umschlaggestaltung: independent Medien-Design, Horst Moser, München

Herstellung: Renate Hutt

Satz und Repro: Longo AG, Bozen

Druck und Bindung: Firmengruppe APPL, aprinta Druck, Wemding

ISBN: 978-3-8338-3658-9
1. Auflage 2014

Bildnachweis

Fotoproduktion:
Anna Hult, Göteborg

Weitere Fotos:
Fotolia S. 33f, 49, 51f;

Syndication:
www.jalag-syndication.de

Umwelthinweis

Dieses Buch ist auf PEFC-zertifiziertem Papier aus nachhaltiger Waldwirtschaft gedruckt.

GRÄFE UND UNZER

Ein Unternehmen der
GANSKE VERLAGSGRUPPE

Die GU-Homepage finden Sie im Internet unter www.gu.de

www.facebook.com/gu.verlag

QUALITÄTS GU GARANTIE

Liebe Leserin, lieber Leser,

haben wir Ihre Erwartungen erfüllt? Sind Sie mit diesem Buch zufrieden? Haben Sie weitere Fragen zu diesem Thema? Wir freuen uns auf Ihre Rückmeldung, auf Lob, Kritik und Anregungen, damit wir für Sie immer besser werden können.

GRÄFE UND UNZER Verlag
Leserservice
Postfach 86 03 13
81630 München
E-Mail:
leserservice@graefe-und-unzer.de

Telefon: 00800 / 72 37 33 33*
Telefax: 00800 / 50 12 05 44*
Mo–Do: 8.00–18.00 Uhr
Fr: 8.00–16.00 Uhr
(gebührenfrei in D, A, CH)*

Ihr GRÄFE UND UNZER Verlag
Der erste Ratgeberverlag – seit 1722.